心理テストの世界へようこそ！

テレビや雑誌などでよく目にする心理テスト。じつは"こういう人はこうしやすい"っていうデータや心理学をアレンジしてつくられたものなんだ。性格や恋愛傾向など、さまざまなことがわかっちゃうんだよ。ゲーム感覚で楽しみながら「自分」「友だち」「カレ」「おしゃれ」……気になることをチェックしちゃおう。恋も友情ももっともっとうまくいって、キラキラした毎日が送れますように！

心理テストをするときのポイント

1 迷ったときは考えこまず直感で答えて

考えすぎると「こう答えたほうが喜ばれる……」「テレビでこれがいいって言っていた……」など、常識や周りの意見にまどわされちゃうことが。最初にピンときた答えを選んでいこう。

2 わかるのは"傾向"！決めつけはダメ

心理テストは「こういう人はこんなタイプが多い」っていう傾向を出したものだから、あくまで参考にね。「親友はこういうタイプじゃなきゃダメ」なんて、決めつけたらもったいないよ。

3 もっと素敵になるために活用しよう

心理テストをやっていくと、ときには予想外の答えや残念な答えが出ることも。でも、先に知っておけば、いろいろ対策もできるよね。うまく活用して、ハッピーを手に入れちゃおう！

本書オリジナル 7つのスペシャル問題

あこがれ なりきり問題
(P29-38)

モデル、声優、マンガ家……人気職業のシチュエーションから、あなたの性格やかくされた一面を導き出す心理テスト。今まで気づかなかった新たな自分を発見できるはず！お仕事内容のミニ情報もついているよ。

おもしろ かきこみ問題
(P39-46)

ファッションデザイナーになって洋服のデザインを考えたり、パティシエになって新作ケーキをつくったり……実際にかきこんで診断するタイプの心理テスト。あなたの人付き合いの仕方や将来のこともわかっちゃう！

キラキラ おしゃれ問題
(P58-78)

あなたのみりょくをUPさせる心理テスト。おすすめのコーディネートやヘアアレンジといった、実際に活用できるおしゃれの具体的なアドバイスがいっぱいだから、楽しみながらかわいくなれちゃうよ！

わいわい イラスト問題
(P86-98)

えさがしやまちがいさがしで遊びながら、友情について診断できる心理テスト。友だちといっしょに楽しめちゃうから、大人数で盛りあがるもよし、新しいクラスメイトと仲良くなるきっかけにするもよし！

友情がっしり問題
(P108-115)

友だちと自分、ふたりの解答の組み合わせで診断する心理テスト。10年後のふたりの関係もわかっちゃう。おすすめのふたごコーデやおそろグッズのしょうかいもあるから、キズナを深められることまちがいなし！

モテ度UP問題
(P147-161)

恋するおとめは必見！自分をみがいて恋愛力をあげる心理テスト。診断では、カレをドキッとさせるテクや成功率UPの告白の仕方もわかっちゃう。心理テストを使えば、カレとのきょりもうまく縮められるかも！

○○に リサーチ問題
(P169-191)

好きなカレや友だち、家族にこっそり試して相手の気持ちを探る心理テスト。相手の持ち物や日常生活の行動から診断できるものや、自然に聞きやすい問題ばかりだから、探偵気分でさりげなくリサーチしちゃおう！

もくじ

心理テストの世界へようこそ! … 2〜3ページ

1章 新たな自分を発見 心理テスト　7〜54ページ

あこがれなりきり問題

おもしろかきこみ問題

クッキーのラッピング／3人で写真さつえい／ヘアスタイルの問題点／マラソン大会のラスト／パーティーのアクセサリー／ツリーのかざりつけ／にじはどんな色？／何で色をぬる？／種から芽が出ない……／海から思いうかぶもの／部屋のもようがえ／6つのキレイなアメ／ぶつかった女の人／苦手な人／あなたにぴったりのお仕事は？／人気モデルになっちゃった／アイドルになっちゃった／またまたアイドルになっちゃった／看護師になっちゃった／声優になっちゃった／ワンピースをデザイン／ティアラをデザイン／マンガの1コマ(夜空編)／マンガの1コマ(食事編)／新作ケーキをつくろう／お姉さんのコスメ／学校に出るおばけ／ふしぎな鏡／お酒の入ったグラス／立ち入り禁止／プリクラのフレーム

2章 かわいくなれちゃう心理テスト　55〜78ページ

かわいくなれちゃう心理テストって？ … 56〜57ページ

テスト 32〜43

キラキラおしゃれ問題

友だちとメール／ラブレターのかくし場所／おしゃれなカフェのイス／部屋の大そうじ／あこがれのひとりぐらし／友だちと待ち合わせ／人気のジュース／コップの持ちかた／部屋にかざる写真／ノートデコ／スポットライトの色／フラワーアレンジメント

3章 友情が深まる心理テスト　79〜115ページ

テスト 44〜65

わいわいイラスト問題

友情がっしり問題

バースデーカード／ふたりの好きな数字は？／音楽プレイヤーの使いかた／動物園で絵さがし／女の子の行動は？／犬の顔をかいてみよう／服とリボンは何色？／ペットの犬／カフェのまちがいさがし／合流する男の子／今何時？／クローゼットのまちがいさがし／素敵なおうちのカーテン／みんなでホームパーティー／公園で遊ぶ子どもたち／ジェットコースターに乗ろう／なみだがとまるアメ／友だちとふたりでめいろ／友だちみんなで選ぼう／ピストルでバンバン／足をあげて／手をくっつけて

友ともっと仲良くなれちゃう★おまじない … 116〜117ページ
生まれ順でみる！友情攻略図鑑 …………… 118〜120ページ

5

恋がうまくいく心理テスト

121～161ページ

テスト 66～87

モテ度UP問題

もう1品は？ ／ 花びんを割った理由 ／ かさをなくした ／ マグカップの決め手 ／ 花束のプレゼント ／ おいしそうなお弁当 ／ カレと歩くとき ／ エレベーターで…… ／ 女の人が選んだマフラー ／ 野いちごの味 ／ ネックレスがからまっちゃった ／ 真珠が入っている貝 ／ 遊園地に出かけよう ／ あなたの恋のライバルは？ ／ 持っていくバッグは？ ／ 小鳥が人気の理由 ／ 大切なブレスレットの拾い主 ／ 恋愛テスト ／ ただよってきたいいかおり ／ 最初に入るおふろ ／ 数字の「8」 ／ カレの呼ばれかた

恋をかなえてくれる♥おまじない … 162～163ページ

生まれ順でみる！恋愛攻略図鑑 ……… 164～166ページ

こっそり探る心理テスト

167～191ページ

テスト 88～100

○○にリサーチ問題

カレのふり向きかた ／ カレの手は…… ／ カレはどう座る？ ／ カレのペンケースは？ ／ 顔に何かついているよ ／ 教科書見せて ／ どんなふうに笑う？ ／ サインを頼もう ／ 理想の席順 ／ どのイスに座る？ ／ 果物をねらう動物 ／ 最初はグー ／ どの指が好き？

漫画 伊藤みんご　イラスト あゆみゆい／伊藤みんご／きりダンス／久せみずき／知梨／みつき成流
デザイン 渡辺禎則・小野塚 学（Webooks）　DTP 天龍社　校正 鷗来堂　編集協力 童夢

1章 新たな自分を発見 心理テスト

★ 未来の自分 ★ あなたの意外な一面 ★
★ 向いているお仕事 ★ などがわかる！

リカ ハッピーバースデー!!

ありがとー♡

私は **リカ**

今日は私の 12才の誕生日 なんだっ！

リカ！ これ プレゼント

お姉ちゃん なになに!?

いろんなことが楽しく わかっちゃうんだよ

……？

これ 「心理テスト」の本だっ!!

周りから見たあなたの印象

A 明るくて サバサバしている

いつも笑顔で元気な子って思われているよ。さっぱりしていて付き合いやすいイメージみたい。

B 女の子っぽくて せんさい

ほんわかした印象で、細かいことまで気がつく子って思われているよ。傷つきやすいイメージも。

C しっかり者で まじめ

いざというときに頼れる優等生なイメージ。ちょっと頭がかたいと思われているかも。

……つまり リカは 周りから「明るくて サバサバしている」って 思われているのね

あ〜〜〜 よく言われるかも

でも 本当は──

あっ！ 待って！ テストがもう1個 あるみたい！！

?

テスト2 3人で写真さつえい

友だちと3人で写真をとることに。あなたはどこに立つ？

- **A** 右
- **B** 真ん中
- **C** 左

ん〜〜〜 私はいつも 左かな

しんだん診断 2 本当のあなたはこんな子

A わが道を行く楽天家
失敗してもくじけないポジティブな性格。のんびり屋で周りと合わせるのはちょっぴり苦手かも。

B 負けずぎらいだけどがんばり屋
本当は人一倍負けずぎらいで気が強いよ。そのぶん、かげで努力もするタイプなんだよね。

C やさしいけれど小心者
とてもやさしいけど、じつはウジウジなやんじゃうタイプ。物事をしんちょうに進めるのかも。

テスト3 ヘアスタイルの問題点

女の子がヘアスタイルを変えようとしているよ。
前のかみがたには、ある問題があったんだって。それは何だと思う？

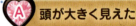
A 頭が大きく見えた

B ねぐせがすごかった

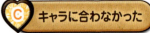
C キャラに合わなかった

診断 3 弱点

A 人の前でつい見えをはっちゃう

少しでもよく思ってほしいから、ちょっとしたことでも見えをはっちゃう。本当の自分を見せよう。

B 自分の意見にこだわりすぎちゃう

自分なりの考えをもっていて、それを通そうと意地をはっちゃう。人の意見にも耳をかたむけよう。

C きらわれるのがこわくてノーと言えない

周りの目を気にして、本当の気持ちを言えないことがあるよ。あまり無理しないで。

あ……これ当たってるな

しゅみじゃないのに友だちとおそろのストラップ買っちゃったり——

私「いや」って言えないから……やりたくない学級委員おしつけられたり——

でもねっ愛着わいて今では好きになっちゃったからいーのっ♡

言ってよ〜っ!!

それって今もランドセルにつけてるやつじゃん!!

も〜っ

じゃあ
気をとりなおして……

次の
テストね!!

テスト4 マラソン大会のラスト

マラソン中「あと少しでゴール!」というところにのぼり坂が!
もう体力は限界のあなた。そんなとき、どうする?

- A 最後だから全力で走る
- B とちゅうまで歩き最後に全力しっそう
- C 最後だから無理せずゆっくりのぼる

ずっと走るのは
つらいから……
私なら B !

えーと
結果は——

診断4 ピンチのときの行動

A ピンチのときほど燃えてがんばる
だめかもと思っても、勇気をもって立ち向かうタイプ。まっすぐにぶつかっていくよ。

B 直前までなやむけれどにげないでぶつかる
あなたはギリギリまで動けずにいるかも。でも、最後はにげずにがんばろうとするよ。

C すぐあきらめて別のことにちょうせん
困難にぶつかるとすぐに投げ出してしまいがち。でも、ほかでばんかいしようとするよ。

「直前まで
なやむけれど

にげないで
ぶつかる」
かあ……

これ 私
思い出すなー!

5 かくれたみりょく

C 前向きさ

どんなときもポジティブにがんばれるパワーがいっぱい。そんなあなたにみんな元気づけられちゃう。

ちなみに

A 気づかい

相手の気持ちを考え、やさしく気を配れるのがみりょくだね。みんなも感謝しているよ。

B 発想力

ほかの人が思いつかないようなすごいアイディアがひらめいちゃう。周りもびっくりするよ。

あなたの目指す理想

A 理想はとにかく高く
実現が難しくても、あこがれを追い求めちゃう。しんぼう強く努力もするけれど、がんばりすぎてつかれちゃうこともあるから、たまにはかたの力をぬいてね。

B 理想はちょっぴり高め
一生けんめいがんばれば手が届きそうなはんいではあるけれど、なるべく高い理想をもとうとするあなた。その姿に近づくためなら努力もおしまないみたい。

C 理想の高さはほどほど
無理なく今の自分よりちょっと上を目指そうと考えているよ。ただし、自分なりのこだわりをたくさんもっているから、それをてってい的に追求するのもいいかもね。

D 理想はあえて低く
高い理想をもってもムダだけ……って、ちょうせんする前からあきらめていない？「こうなりたい」という姿を具体的にイメージすると、やる気が芽生えるかも。

ハッピーアドバイス　自分の性格は変えられるよ。まずはなりたい自分を思いうかべてみよう。

にじはどんな色？

空に、にじがかかっているのを見つけたよ。でも、全部の色は見えなかったんだ。見えたにじは、次のうちどれだと思う？

診断結果は次のページ

精神年れい

A おとなレベル

精神年れいは、実際よりもめちゃくちゃ上！すごく現実的な考えかたをしているみたいだよ。たまには友だちといっしょに、思いっきりはしゃいでみてもいいかも。

B 赤ちゃんレベル

精神年れいは、実際よりお子様かも。周りのおとなや友だちにあまえたいって気持ちが強いみたい。わがままはほどほどにして、自分のことは自分でやるようにしよう。

C 小学生レベル

精神年れいは、実際の年れいと同じくらい。体と同じペースで精神的にもきちんと成長しているみたいだね。無理せず、このままの状態をキープしよう。

D 高校生レベル

精神年れいは、実際よりも少し上みたい。周りの子たちが、なんだか子どもっぽいなって感じちゃうことはない？　そんなときはお姉さんになった気持ちで助けてあげよう。

誠実なイメージをもってもらいたいときは、こん色の服を着ると効果的だよ。

何で色をぬる？

女の子が絵をかいているよ。
この子は何で色をぬっているかな？

 クレヨン

 水さい絵の具

 色えんぴつ

種から芽が出ない……

植木ばちに花の種を植えたよ。でも、まったく芽が
出てこないんだ。こんなとき、あなたならどうする？

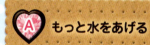 もっと水をあげる

 もっと肥料をあげる

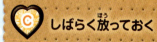 しばらく放っておく

診断結果は次のページ

今のあなたのパワー

A かなりパワフル

今のあなたは、パワーに満ちあふれているみたい。新しいことにチャレンジしてみよう！

B ほどほどパワフル

パワーを充電中のあなた。好きなことだと、グッと力がわいてくるみたいだね。

C パワーはやや不足ぎみ

今のあなたは少しおつかれぎみかな。でも、物事をていねいに進められそうなときだよ。

才能を発揮するカギ

A だれかにほめられる

ほめられるとやる気になって才能をのばしていくタイプ。周りの人にどんどんほめてもらおう。

B いっぱい努力する

ほかの人よりも勉強や練習をがんばることで、才能が花開くタイプ。積み重ねが大切だね。

C 好きにやってみる

自由にやらせてもらっていると才能を発揮するタイプ。自分の思った通りに行動してみよう。

がんばりたいときには、赤いものを身につけるとパワーがわいてくるよ。

テスト10 海から思いうかぶもの

「海」という言葉を聞いて、パッと思いうかぶのは次のうちどれ？

- A 水の手ざわり
- B 青さ
- C 波の音

テスト11 部屋のもようがえ

部屋のもようがえをしようと思ったあなた。「机」「本だな」「ベッド」はどのように並べる？

診断結果は次のページ

診断 10 成績UPの勉強法

Ⓐ くり返し書く

紙に書いて覚えるのがおすすめ。何度も書くことで、自然と覚えられちゃうよ。

Ⓑ ポイントをはる

重要ポイントを紙にまとめて、部屋やトイレのかべといった目につく場所にはろう。

Ⓒ 声に出して読む

口に出していると、内容がスーッと頭に入ってくるよ。復習のつもりでひたすら読んでみよう。

診断 11 勉強におすすめの環境

Ⓐ 仲良しの友だちと

友だちといっしょに勉強しよう。おたがいに得意科目を教え合えば、疑問もとけるかも。

Ⓑ ひとりで集中

周りに人がいると気が散ってしまいそう。ひとりで部屋で勉強すれば、集中力がUPするよ。

Ⓒ 大勢でわいわい

クラスやクラブの友だちと、大勢で勉強会を開いてみよう。サボれないから、がんばれるはず。

ハッピーアドバイス 目標達成後の自分の姿を思いうかべてみよう。やる気がどんどんわいてくるよ。

6つのキレイなアメ

キレイな色をしたアメを6つもらったよ。
あなたはこのアメをどんなペースで食べる？

 ひとりで一気に食べちゃう

 毎日1つずつ食べていく

 はじめは多めに食べ、あとは少しずつ食べる

 もったいないから、しばらくとっておく

ぶつかった女の人

道を歩いていたら、曲がり角でおとなの女性とぶつかったよ。その人のイメージや外見、ぶつかったあとの対応を教えて。

苦手な人

あなたが「苦手だな」と思うのはどんな人？「いつもじまんばかりする人」など、具体的なタイプを5つあげてね。

診断結果は24、25ページ

23

お金の使いかた

A 一気に使う

欲しかったものをパッと買って、お金を使い切っちゃうタイプ。あまり先のことを考えず、後悔することが多いかも。本当に必要か、買う前によく考えてみよう。

アドバイス おさいふをお母さんに預けるようにしよう

B ちょこちょこ使う

おかしを買ったり、かわいいシールを買ったり……ムダづかいをしやすいタイプだよ。それほど高いものは買っていないのに、気づいたらお金がなくなっている危険あり！

アドバイス おこづかい帳をつけてみよう

C よゆうを持って使う

おこづかいをもらったら、とりあえず欲しいものは買うけれど、節約して少し残しておくタイプだよ。もしものときのために、計画的に貯めていけるといいね。

アドバイス 貯金の目標金額を決めてみよう

D すぐに使わず貯める

あなたは欲しいものがあってもがまんして、コツコツ貯金するタイプみたいだね。お金を貯めるのはいいことだけど、必要なときには思いきって使うことも大切だよ。

アドバイス 欲しいもののリストをつくってみよう

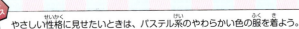

ハッピーアドバイス　やさしい性格に見せたいときは、パステル系のやわらかい色の服を着よう。

未来の自分の姿

ぶつかった女の人は、あなたの未来の姿だよ。たとえば「キャリアウーマン」と答えた人は、バリバリ働く女性になるということ。また、その人がとった対応は将来自分がするかもしれない行動だよ。あなたはどんな女性になるかな？

自分のきらいなところ

5つあげたタイプのうち、4つ目にあげたのは、じつは自分自身のきらいな部分なんだ。たとえば「うるさい人」と答えた人は、さわいでしまう自分はいやだなって思っているんだよ。そこに気をつければ、あなたはもっともっとみりょく的になれるはず！

ハッピーアドバイス　いやなところは、かくそうとするほどバレちゃうもの。自然体がいちばん。

あなたにぴったりのお仕事は?

あなたの考えや行動に近いと思うほうに進んでね。
迷ったときは、考えこまず直感で選ぼう!

スタート

どちらかといえうと早口だ
はい →
いいえ →

1階から5階まで行きたいのに、エレベーターがなかなかこないよ。こんなとき、どうする?
エスカレーターを使う →
そのまま待つ →

水着を選ぶならどっち?
ビキニ形 →

ワンピース形 →

家族と出かけるはずが、予定が変わってひまになってしまったよ。こんなとき、どうする?

家でのんびりする →
ひとりで外に遊びに行く →

かわいいうで時計をもらったよ。それは次のうちどっち?

 →  →

好きなのはどっち?

海 →

山 →

流行のグッズはかならずチェックするほうだ

はい→　いいえ→

「ちょっと変わっているね」と、よく言われる

はい→　いいえ→

A

B

人と競争するのは苦手だ

はい→　いいえ→

C

大勢でいるより、ひとりのほうが気楽だ

はい→　いいえ→

自分が話をするより、人の話を聞くほうが好きだ

はい→　いいえ→

D

ひとつのことに集中すると、周りが見えなくなる

はい→　いいえ→

E

新たな自分を発見

かわいくなれちゃう

友情が深まる

恋がうまくいく

こっそり探る

診断結果は次のページ

27

診断 15

ぴったりのお仕事

A クリエイティブなお仕事

小説家やデザイナーなど、文章を書いたり物をつくったりする創造的なお仕事で力を発揮できそうだよ。

B サービスを行うお仕事

笑顔が素敵なあなたは、キャビンアテンダントや洋服などをはん売するショップ店員といった、人とふれ合うお仕事がぴったり。

C 人を助けるお仕事

医者や、おじいさんおばあさんのお世話をする介護士はどう？ やりがいを感じてキラキラかがやけそうだよ。

D デスクワークのお仕事

まじめできちんとしているあなたは、書類を作成して会社を助ける事務など、正確さが求められるお仕事でかつやくできそう。

E 教えたり研究したりするお仕事

人に自分の知識を教えたり、自分が興味をもっていることを調べたりするお仕事がおすすめ。学校の先生や学者を目指しては？

ハッピーアドバイス　迷ったときは「あこがれのあの人ならどうするだろう」って考えるとヒントが！

人気モデルになっちゃった

あなたは人気モデル。今日はファッション雑誌のさつえいだよ！
さつえい場所は、次のうちどこだと思う？

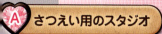
Ⓐ さつえい用のスタジオ

Ⓑ 教室

Ⓒ 交差点

Ⓓ 教会

モデルのお仕事って？
最新の洋服やアクセサリーを身につけ、ファッションショーへ出演したり、雑誌・広告のさつえいをしたりしてみりょくを伝えるよ。

診断結果は 30、31 ページ

カリスマ度

 A カリスマ度 22％   **B** カリスマ度 41％

残念ながら、あなたはごくふつうの人かも……。でも、ふつうだからこそ、周りにいる人たちの気持ちもわかるし、楽しいこともたくさん見つけられるよ。みんなといっしょにおしゃれを研究したり、あこがれの人を追いかけたりして毎日を楽しんじゃおう！

あなたのカリスマ性はそれほど高くはないみたい。ただし、得意分野や熱中している分野では、ほかの人とちがったかがやきを放つ可能性を秘めているよ。だから、これからは得意なことをがんばってのばしてみよう。新しいカリスマ性が急に花開くかもしれないね。

ハッピーアドバイス 服や小物にたくさんの色を取り入れると、元気で明るいイメージになるよ。

C カリスマ度65%

D カリスマ度90%

まあまあカリスマ度が高いといえそう。ハリウッドセレブみたいな特別感があるわけではないけれど、どことなく人をひきつけるみりょくをもっているよ。これからは、クラスのリーダー役や学級委員を積極的に引き受けてみよう。きっとみんなの視線を集めてかつやくできるはず。

自分では気づいていないかもしれないけれど、あなたはものすごいカリスマ性のもち主だよ。ほかの人とはちょっとちがうオーラが出ているから、周りからも特別視されているかも!?もっと特技をみがいたり、こだわりをもったりすれば、将来有名人や大金持ちになれちゃう可能性も高そう。

ハッピーアドバイス 自分のいいところを見つけてほめよう。自信が生まれてみりょくがUPするよ。

新たな自分を発見
かわいくなれちゃう
友情が深まる
恋がうまくいく
こっそり探る

アイドルになっちゃった

あなたは新人アイドル。4つのテレビ番組からオファーがきたよ！
「この番組に出たら人気が出そう」と思う順番に並べてね。

- A 歌番組
- B トーク番組
- C ドラマ
- D コント番組

診断結果は 34 ページ

またまたアイドルになっちゃった

テスト 18 あこがれなりきり問題

今日は待ちに待ったコンサート。でも、歌っているとちゅうで歌詞を忘れて大ピンチ！！ どうやってのりきる？

- A セリフでごまかす
- B 適当な歌詞をつけてごまかす
- C ハミングでごまかす
- D 照れ笑いでごまかす

アイドルのお仕事って？
ライブやテレビの音楽番組でダンスしながら歌を歌ったり、バラエティーやドラマに出演したりと、はば広く活動するよ。

診断結果は次のページ

人生の優先順位

あこがれなりきり問題 17 診断

 A 恋愛
 B 自分
 C 家族
 D 友情

この並べかたで、あなたが大事にしているものの順番、つまり人生の優先順位がわかるよ。たとえば、D➡C➡A➡Bなら、友情をいちばんに考えているんだね。次に家族、恋愛、自分の順で大切にしているってことだよ。

一発逆転力

あこがれなりきり問題 18 診断

 A とっても高い

どんなピンチもはねかえして、じょうきょうを逆転させちゃう！ 最後に大成功できるよ。

 B やや高め

失敗もチャンスに変えてしまうパワーをもっているよ。あきらめずに、最後までつき進もう。

 C やや低め

一発逆転するにはややパワー不足かも。気持ちを切りかえて、少しずつ努力していこう。

D 低いけれど……

あなた自身の逆転力は低いけれど、周りが手助けしてくれるみたい。みんなに感謝しよう。

 ハッピーアドバイス 上には上がいるから、自分と人を比べないで！ 今、少しでも幸せかを考えよう。

看護師になっちゃった

あなたは看護師。女の子に注射をしようとしたら泣いちゃった！
泣き止ませるために、なんて声をかけてあげる？

A：すぐに終わるから だいじょうぶだよ

B：痛くならない おまじないをしてあげる

C：注射をすれば すぐに病気が治るよ

D：終わったら アメをあげるね

看護師のお仕事って？
注射や点てき、手術の準備などをしてお医者さんの仕事を助けるよ。かん者さんが不安にならないよう精神的なケアもするんだ。

診断結果は次のページ

要領の良さ

A 悪め

残念ながら、要領がいい人とはいえないみたい。一から十まできっちり全力でがんばっちゃうタイプ。周りからも「もっと上手に手をぬけばいいのに」って思われているかも。

C まあまあ良い

まあまあ要領はいいタイプ。やるべきことはしっかりやるけれど、必要ないところでは上手に手をぬくことができるみたい。でも、ズルしていると思われないように注意してね。

B やや悪め

どちらかというと要領は悪いみたい。ほかに楽な方法があるとわかっていても、決められた方法でがんばっていこうとする、とてもまじめな性格だね。でも、周りからの信頼は厚いよ。

D すごく良い

じつはあなたは、とても要領がいい人。ポイントをつかむのも早いし、工夫してうまく物事を進めていけるよ。周りの子にもやりかたを教えてあげたらどうかな。

ハッピーアドバイス 自分の短所を「がんこ」→「いちず」などプラスの言葉に言いかえて好きになろう。

声優になっちゃった

テスト20　あこがれなりきり問題

あなたは声優。主人公の元親友で悪のヒロイン役を演じたけれど、収録でうまく言えなかったセリフが……。それはどれかな?

A 私の部下たちをたおせるかしら

B カレは私だけのものよ

C じゃまするやつは許さないわ

D 最後に勝つのは私よ

声優のお仕事って?
アニメやゲーム、ナレーション、映画のふきかえなどに声だけで出演するよ。キャラクターになりきる演技力も重要な能力なんだ。

新たな自分を発見 / かわいくなれちゃう / 友情が深まる / 恋がうまくいく / こっそり探る

診断結果は次のページ

37

心に秘めている野望

A 人気者になりたい

クラスの中心に立って、みんなにしたわれたいと思っているよ。得意なことをひろうしたり、場を盛りあげたりして自分をもっとアピールしよう。そうすればあなたの周りに自然と人が集まってくるようになるよ。

B モテ女子になりたい

あなたは今、好きなカレだけではなく、学校中の男の子からちやほやされたいって思っているのでは？ みんなに愛されるよう、まずは自分みがきをがんばって！ あなたのほうから相手のことを思う気持ちも大切だよ。きっとモテ女子になれるはず。

C のんびり過ごしたい

好きなことだけしたい、もっとのんびり過ごしたいっていう気持ちがあるみたい。もしかしたら、最近いそがしくてつかれているのかも!? 休みの日はおうちで読書をしたり、ＤＶＤを観たりしてリラックスしよう。

D 何かでかつやくしたい

勉強やスポーツでいちばんになりたい、みんなに認められたいって気持ちが強いみたいだね。それを実現するには、やっぱり努力が必要。夢中になれることを見つけて、今日からコツコツがんばろう。時間はかかっても、必ずかつやくできるようになるよ。

ハッピーアドバイス　前向きな言葉を使うようにすると、明るい印象をもってもらえるよ。

テスト 21 おもしろかきこみ問題

ワンピースをデザイン

あなたはファッションデザイナー。下のワンピースにハートがらをデザインしてみよう！ 大きさ、数は自由だよ。

ファッションデザイナーのお仕事って？
洋服やくつ、バッグといったファッションアイテムの色や形、素材を考えてデザイン画をかくよ。時代を先取りして、流行を生み出す仕事でもあるんだ。

テスト 22 おもしろかきこみ問題

ティアラをデザイン

あなたはジュエリーデザイナー。下の宝石を穴にはめて素敵なティアラを完成させよう！ どの宝石を使ってもいいよ。

ジュエリーデザイナーのお仕事って？
宝石やビーズ、ガラスなどの素材を選んで、指輪やネックレス、イヤリングといったいろいろなアクセサリーをデザインするよ。

診断結果は 40、41 ページ

友だち付き合いの仕方

大きなハートを1個だけかいた人
深くせまく

あなたは自分が好きな人とだけ仲良くなれればいいやって思うタイプ。親友と強いキズナをつくっていくよ。でも、ほかの人とも無理しないはんいで付き合っていこうね。友だちが増えれば、それだけ楽しいことも増えるはずだよ。

小さなハートを全体に散らした人
えんりょしがち

人と仲良くなりたい、友だちと深い付き合いがしたいっていう気持ちは強いけれど「なれなれしいと思われたらどうしよう」と考えすぎて、えんりょしてしまうことが多いみたい。その思いやりを大切にしながら、友だちとのきょりを縮めていこう。

いろいろな大きさのハートを2、3個かいた人
さっぱり派

あなたはサバサバした人間関係を好むタイプ。無理して友だちを増やそうとは思っていないし、いくら仲が良くても、友だちとベタベタするのは少し苦手だと感じているのかも。感覚が近いから、男の子とも意気投合できそうだね。

いろいろな大きさのハートを4個以上かいた人
浅く広く

あなたはとにかくたくさん友だちが欲しいと思っているみたい。出会ったばかりの相手でも、えんりょせずに自分からどんどん話しかけて、すぐに仲良くなれちゃうタイプだね。あなたが中心になれば、クラスもひとつにまとまるかも。

 重要だと思うことはゆっくり話をすると、相手により伝わるよ。

物事の判断基準

真ん中に赤い宝石を入れた人
好ききらい

あなたは「好きかきらいか」「どっちが好きか」で物事を判断するわがまま型。きらいでも、時にはやらなくてはいけないこともあるから、覚悟を決めてがんばろう。

真ん中に青い宝石を入れた人
損得

あなたは「損か得か」「どちらを選んだほうが有利か」と冷静に判断する計算型。でも、損得だけではなく、自分の中の本当の気持ちも大切にしよう。

うーん…

真ん中に黄色い宝石を入れた人
直感

あなたはその場の「直感」や「感覚」で物事を判断するひらめき型。あとで考えると「どうしてそんな選択をしたんだろう……」って思うこともあるんじゃないかな。

真ん中に緑の宝石を入れた人
正しさ

あなたはそれが「正しいことかまちがっていることか」で物事を判断する正義型。でも、たまにはほかの角度からも考えてみて。別の答えが見つかるかも。

ハッピーアドバイス 楽しかったことだけを書くノートをつくろう。落ちこんだときに見れば元気に！

マンガの1コマ (夜空編)

あなたは新人マンガ家。雑誌にマンガを連さいすることになったよ！
主人公がながめている夜空を下のコマにかいてね。

診断結果は44ページ

マンガの1コマ（食事編）

おもしろかきこみ問題

次は、主人公と家族の食事シーンをかくよ。
料理がのっているお皿をかいてね。また、何人分必要だと思う？

マンガ家のお仕事って？
雑誌などにマンガをかくよ。編集者と相談しながら、おもしろいストーリーや個性的なキャラクターをつくり出すんだ。

診断結果は次のページ

今のハッピー度と将来への希望

あなたは月と星をどんなふうにかいたかな？ 月のかたちは、今のハッピー度をあらわしているよ。満月に近いほど幸せを感じているんだ。たとえば、三日月をかいた人は現状にまだ満足できていないのかも。月をかかなかった人は何か不満をもっているみたい。
また、星の数は将来への希望の度合いを示しているよ。数が多ければ多いほど、将来のことを明るく考えているんだ。

あなたがつくる家庭

ここでかいた料理は、あなたがおとなになったとき、家族につくってあげたいと思っている料理だよ。たとえば「カレー」や「ハンバーグ」といった家庭料理をかいた人はあたたかい家庭を、「ピザ」や「すし」などワイワイ食べられるものをかいた人は明るい家庭を望んでいるね。また、お皿の数はあなたの理想の家族人数をあらわしているんだ。3人分と答えた人は将来、自分と夫、子どもの3人家族になりたいんだね。

背中に大きなつばさがあることをイメージすると、自信をもってふるまえるよ。

新作ケーキをつくろう

あなたはパティシエ。新しいケーキを考え中だよ！ 下の4つのデコレーションから3つ選んで、A、B、Cそれぞれに置いてね。

いちご　チョコレート　生クリーム　キウイ

パティシエのお仕事って？

ケーキなどのスイーツをつくるよ。おかしづくりに関するはば広い知識と技術、新しい商品を生み出すアイディアやセンスも必要だよ。

診断結果は次のページ

ロマンチック度

生クリームを Ⓐ にのせた人
ロマンチック度44%

ロマンチックなことにあこがれはあるけれど、はずかしい気持ちも強いみたい。友だちにはロマンチックな面を見せないようにしているのでは？

生クリームを Ⓑ にのせた人
ロマンチック度88%

超ロマンチストなあなた。マンガやドラマの主人公に自分を当てはめて空想にふけることもあるんじゃない？

生クリームを Ⓒ にのせた人
ロマンチック度60%

ロマンチック度は高めみたい。教会やおしゃれな街など、ふだんとはちがうふんいきの場所に行くとうっとりしちゃうはず。

生クリームを使わなかった人
ロマンチック度25%

あなたは、ロマンチックなことにあまり興味がないみたい。「現実の生活はそんなにあまくないよ」って冷静に考える、クールな女の子だね。

ハッピーアドバイス　ここぞというときには、好きな曲を自分のおうえん歌にして聞いちゃおう。

テスト 26 お姉さんのコスメ

きれいなお姉さんが、ポーチの中にコスメをしまっているよ。その順番を考えてみて。2番目に入れるのはどのアイテムかな？

- A チーク
- B ファンデーション
- C マスカラ
- D 口べに

新たな自分を発見
かわいくなれちゃう
友情が深まる
恋がうまくいく
こっそり探る

診断結果は次のページ

小悪魔レベル

A 新人小悪魔

男の子にさりげなくあまえたり、おとなとうまく付き合える子にあこがれはあるものの、小悪魔的な要素はあまり高くないみたい。根がまじめだから、小悪魔っぽくふるまっても演技しているのがバレバレで、うまくいかない予感。

B 小悪魔見習い

とてもまじめな性格のあなたは、だれかにわがままを言ったりあまえたりするのは良くないと思って、いつもがまんしているのでは？ときには素直になってみよう。周りの人たちは、ふだんのあなたとのギャップを喜んでくれそうだよ。

C 中級小悪魔

小悪魔度がやや高めのあなた。何か欲しいものがあるとお父さんにおねだりして買ってもらったり、友だちにあまえてうまく頼みごとしたりできるよ。でも、わがままを言いすぎると、おこられちゃうこともあるから気をつけて！

D 超小悪魔

なにげないひと言でも、周りの人たちをほんろうするあなた。ときには相手の反応を楽しんでいるんじゃないかな。小悪魔を通りすぎて、魔性の女と呼ばれちゃうかも!?わがままを言っても、なぜかにくまれないのはさすがだね。

 少し高めの声でリズミカルに話をすると、周りの人からの印象が良くなるよ。

学校に出るおばけ

学校でおばけが出るってうわさになっているよ。
おばけが出る場所は、次のうちどこだと思う？

A 体育館

B 教室

C 職員室

D 理科室

診断結果は次のページ

毒舌度

A 毒舌度65％

ふだんはそれほどでもないけれど、おこったときには厳しい言葉がバンバン飛び出してくるタイプみたいだね。いきなりの変わりぶりに、「○○ちゃん、本当はこんなこと思っていたの？」って周りの人たちはびっくりしちゃうかも。いかりにまかせて言いすぎないでね。

B 毒舌度90％

あなたは周りの人から、すごく毒舌だと思われているよ。自分でも気づかないうちにから口なコメントをしているかも。でも、それをみんなおもしろがってもいるみたい。悪口になって、だれかにいやな思いをさせないように注意しよう。

C 毒舌度25％

あなたは毒舌どころか、本当は厳しく言うべきこともやさしく伝えるタイプみたい。自分の言葉で友だちがいやな気持ちにならないよう、口に出す前に言いかたを考えているんだね。でもやさしすぎると、どん感な人には伝わらないかも……。

D 毒舌度42％

あなたは、基本的には厳しいことを言わないタイプだよ。ただし、心の中ではけっこうするどいツッコミをしていることがあるんじゃない？　表面的にはおだやかだけど、じつはまあまあ毒舌なんだ。ポロッと口から出ないように気をつけて。

ハッピーアドバイス　人見知りで目を見て話せない人は、相手のまゆとまゆの間を見るようにしよう。

ふしぎな鏡

鏡をのぞいたら、変なことが起こったよ。
いったい何があったと思う？

A 別の人が映っている

B 何も映っていない

C 背景の場所が変わっている

お酒の入ったグラス

次のうちひとつだけ、中身がお酒のグラスがあるよ。
それはどれだと思う？

新たな自分を発見

かわいくなれちゃう

友情が深まる

恋がうまくいく

こっそり探る

診断結果は次のページ

51

二重人格度

こわい先生や大好きなカレの前では、ちがうキャラになっちゃうことがあるみたい。やりすぎには注意しよう。

仲良くなった友だちから「思っていたタイプとちがう」って言われない？ でも、そのギャップがあなたのみりょく！

どんなときも同じ態度で接するあなた。うらおもてのない性格で、周りの人たちからの信頼も厚いよ。

A 二重人格度 48%　　B 二重人格度 90%　　C 二重人格度 23%

エッチタイプ

エッチな話が大好きで、ついついテンションが上がっちゃうよ。盛りあがりすぎて、みんなにひかれないよう気をつけて。

エッチな話は、はずかしくてたまらない！ 男の子たちがそういう話をしているだけで、顔が赤くなっちゃうみたい。

エッチな話なんて好きじゃないフリをするけれど、本当は興味しんしん！ こっそり聞き耳を立てているんじゃない？

A エロエロタイプ　　B 純情タイプ　　C かくれエッチタイプ

うでを組むクセがある人はやめよう。近づきにくい印象になるから損しちゃう！

立ち入り禁止

「立ち入り禁止」の看板を発見したよ。
この先には、どんな場所が広がっていると思う？

- Ⓐ 山
- Ⓑ 古い家
- Ⓒ 森

プリクラのフレーム

友だちといっしょにプリクラをとったよ。
フレームは次のうちどれにする？

Ⓐ ハートで囲まれたフレーム

Ⓑ フィルム風のフレーム

Ⓒ フキダシ風のフレーム

診断結果は次のページ

診断 30 あなたがかくしたい性格

じつは、ときどきいじわるな気持ちになることが。でも、きらわれたくないからかくしたい！

じつは、暗いところやおばけがすごく苦手。でも、子どもっぽく思われそうだからかくしたい！

頭の中ではいろいろな想像をしているよ。でも、変だと思われないか心配でかくしたい！

A ちょっといじわる

B ちょっとこわがり

C ちょっともうそう好き

診断 31 あなたのナルシスト具合

ふだんはわからないけれど、ちょっぴりナルシストぎみ。自分のことがけっこう好きでしょ？

自分大好き！ 街でもすぐにショーウインドウをのぞいて、自分の姿をチェックしていない？

自分の見た目は気にしないし、おしゃれにお金もかけないみたい。もう少し自信をもとう。

A ちょいナルシスト

B 超ナルシスト

C ナルシスト度ゼロ

ハッピーアドバイス　お笑い番組を観て、笑う習慣をつくろう。幸せ感が高まり、明るくなれるよ。

かわいくなれちゃう心理テスト

★おしゃれコーデ ★キレイになれちゃうテク★
★おすすめヘアアレンジ ★などがわかる！

かわいくなれちゃう心理テストって？

「かわいくなりたい」「似合うファッションが知りたい」と思っている人は必見！ この章では、心理テストを使ってあなたのみりょくや性格を分せき。そこからあなたをよりかがやかせる洋服、ヘアスタイル、小物などを導き出し、ぴったりのおしゃれを伝授していくよ。専門のスタイリストがついたも同然だから、もっと素敵になれちゃうはず！

いつもとはちょっとちがうコーデにも思いきってチャレンジしてみようかな!!

Hair band

Bag

Pendant

かわいくなれちゃう心理テストの上手な取り入れかた

チャレンジする前にあきらめないで
試したことがないアイテムがあっても、思い切ってちょうせんしてみよう！今まで気づかなかった新しいみりょくを発見できるかも。最初から「私には似合わなそう…」「やるだけムダ…」なんて決めつけないでね。

しばらく様子を見よう
新しいアイテムを取り入れた直後は、見たことがない自分にいわ感を感じちゃうかも。でも、慣れてくればその良さを感じられるはず。

ほかのタイプもチェック
よゆうがあったら、自分の結果以外のファッションもチェック。気になるものがあったら、ちょうせんしてみよう。気になったということは、あなたの気持ちと関係する要素が何かあるってこと。ポイント的に取り入れると、ファッションのスパイスになってみりょくが引き立つよ。

リカとの
お出かけに
心理テストで
おすすめしていた
くつをはいて
いこう♡

Ribbon

High heels

Bracelet

57

友だちとのメール

友だちとメールで遊ぶ約束をしたよ。
文章の最後□に入れる絵文字はどれにする？

診断結果は 60、61 ページ

ラブレターのかくし場所

大好きなカレからラブレターをもらっちゃった！
チェストの中にかくそうと思うんだけど、どの段に入れる？

診断結果は 62 ページ

友だちとお出かけコーデ

B ガーリーコーデ

ドットがらのトップスに、すそがふんわりしたフレアスカートを合わせて、あまめに仕上げよう。ふだんはボーイッシュな子も、ウキウキした気分になって楽しく過ごせそう。

モノトーンのロングTシャツにデニムのショートパンツを合わせて、ピリッとかっこよく決めよう。自然とおとなっぽいしぐさになり、友だちからあこがれられる存在に。

パールブレスレット

A クールコーデ

キャップ

ハッピーアドバイス　同系色で服をコーディネートすると、すっきりとスマートなイメージになるよ。

C 個性派コーデ

インパクト大のキャラTシャツに、カラフルなパーカをはおれば注目度UP。明るくスポーティーなふんいきになるから、友だちとワイワイ盛りあがることまちがいなし。

カラフル♪スニーカー

ウンバッジ

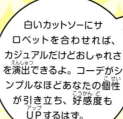

白いカットソーにサロペットを合わせれば、カジュアルだけどおしゃれさを演出できるよ。コーデがシンプルなほどあなたの個性が引き立ち、好感度もUPするはず。

D カジュアルコーデ

ハッピーアドバイス

くつをパンツやタイツと同じ色にしよう。すると錯覚で足が長く見えちゃう。

新たな自分を発見 / かわいくなれちゃう / 友情が深まる / 恋がうまくいく / こっそり探る

33 カレとデートコーデ

キラキラおしゃれ問題

A ポップコーデ

明るいネオンカラーのアイテムを入れた、元気いっぱいのコーデが◎。デートも楽しいふんいきになるよ。

B スイートコーデ

おすすめアイテム
シュシュ

レースやフリル、リボンなど女の子らしいアイテムでおとめモードに。カレに守ってあげたいと思ってもらえるはず。

おすすめアイテム
ペンダント

C ナチュラルコーデ

おすすめアイテム
コサージュ

ワンピースにカーディガンをはおれば、シンプルで気どらないコーデに。カレも自然体で接してくれそう。

D スクールコーデ

きちんと感があるえりつきシャツを主役にして。知的でせいそなふんいきに、カレもドキッとしちゃうかも。

おすすめアイテム
たてメガネ

ハッピーアドバイス
口角が下がっていると不きげんに見えちゃう。口のはしを上げるようにしよう。

おしゃれなカフェのイス

有名人がよくくるといううわさのカフェに入ったよ。
あなたが案内されたのは、どのイスかな?

新たな自分を発見

かわいくなれちゃう

友情が深まる

恋がうまくいく

こっそり探る

診断結果は次のページ

人気UPのコーデカラー

A やさしい色合いに

水色やあわいピンクなど、パステルカラーを組み合わせてスイートに。やわらかいふんいきになるから、周りから声をかけられることが増えそう。

おすすめカラー

B おとなっぽい色でまとめて

黒や白、グレーなどモノトーンのアイテムを組み合わせるのがおすすめ。落ち着いたふんいきになって、友だちから頼られる存在に。

おすすめカラー

C 同系色に +α

好きな色を中心に同系色でまとめてみて。そこに1色だけちがう差し色を入れると、おしゃれ度がグンとUP。みんなのあこがれの存在になれそう。

おすすめカラー

D カラフルにはじけて

赤、青、黄色などの原色を取り入れて、カラフル&ポップにきめちゃおう。元気で明るい印象になるから、いろいろなタイプの友だちができちゃうよ。

おすすめカラー

ハッピーアドバイス　手首を見せるようにすると、女の子らしさをアピールできるよ。

美人度UPの方法

A 姿勢を正しく

背中が丸まってねこ背になっていない？頭のてっぺんを上からひもで引っ張られているところをイメージして、背すじをピンとのばせば、スタイルも良く見えるよ。

B 話しかたに気をつけて

話すときに、小さな声でもごもごしゃべっていると印象ダウン。アナウンサーになったつもりで、はっきり話す練習をすれば、素敵さがUPするよ。

C マナーをしっかりと

食べかたやおはしの使いかた、くつのそろえかたなど、基本のマナーを覚えて内面からキレイになろう。れいぎ正しさが身につけば、周りからも一目おかれるはず。

D さっそうと歩こう

見た目がどんなにかわいくても、だらだら歩いていたら残念だよね。モデルみたいに胸をはって歩けるようになれば、周りから注目されるように。

ハッピーアドバイス 笑顔が苦手な人でも、努力すれば身につくよ。鏡の前で練習しよう。

あこがれのひとりぐらし

おとなになって、ひとりぐらしをすることになったあなた。
次のうちどこに住みたい？

A 公園のそば

B カフェのそば

C 駅のそば

D 図書館のそば

診断結果は次のページ

診断 36 キラキラおしゃれ問題
お出かけぴったりのくつ

A スニーカー

お気に入りのスニーカーを1足もつと、お出かけするのが楽しく（な）（ろ）う。くつのひもを好きな色に変える（な）（オ）リジナルのアレンジを加えてみよう。

B バレエシューズ

女の子らしいバレエシューズがあれば、お出かけ意欲がUP。目立つ色にしてコーディネートのアクセントにすれば、あなたをかがやかせてくれるよ。

C ミュール

ちょっぴりヒールがついたミュールで、足元からおしゃれに。おとなの女性に近づいた気持ちになれるから、少し背のびした場所にも出かけられそう。

D ローファー

お気に入りのローファーがあれば、自信をもって外に出られそう。シンプルで長く使えるものを選んで、大切にはくようにしよう。

ハッピーアドバイス　ねこ背だと太りやすくなるから気をつけて！　姿勢がいいと印象も良くなるよ。

テスト37 キラキラおしゃれ問題

友だちと待ち合わせ

休みの日に友だちと待ち合わせをしたけれど、習い事で1時間半おくれちゃうって連絡があったよ。こんなとき、あなたはどうする?

- A 近くのカフェに入る
- B 遊ぶのをやめて家に帰る
- C ほかの友だちを呼ぶ
- D ショッピングをする

テスト38 キラキラおしゃれ問題

人気のジュース

今、街で大人気のジュースがあるんだって。
そのジュースのとくちょうは、次のうちどれだと思う?

FRESH JUICE

- A いいかおり
- B 色がキレイ
- C 栄養たっぷり

診断結果は次のページ

37 あなたをかがやかせるアクセサリー

A イヤリング

キラキラ光る耳元のアクセサリーでかわいさUP。かざりがぶら下がるタイプは、視線を集める効果もあるので試してみて。

B バングル、ブレスレット

うでにアクセントで、一味ちがうおしゃれをしよう。夏はエスニック系、冬はレザーを選ぶなど、変化をつけると◎。

C ネックレス

パッと目につく首元をはなやかにしよう。女の子っぽくしたいときはきゃしゃな石つきのペンダント、かっこよく決めたいときはチョーカーがおすすめ。

D リング

指にキラッと光るリングをつければ、周りから注目を集めるよ。クールに決めたいときはシルバー、はなやかにしたいときはゴールドなど、色にもこだわってね。

38 おすすめのリップクリーム

A かおりつき

フルーツや花など、好きなかおりのものを探そう。心もいやされちゃう。

B 色つき

うすいピンクなどでほんのり色づけてみて。さりげなくおとめ度が上がるよ。

C メントール

スースーするさわやかなメントールがおすすめ。ねむさもふきとび、やる気がUPするはず。

くちびるケアのアドバイス♥

リップクリームは、くちびるのキメに合わせて縦向きにぬるのがポイント

フレアスカートをはくと、ウエストが細く見える効果があるよ。

コップの持ちかた

ガラスのコップを持つとき、
あなたはどんなふうに持つことが多いかな？

- **A** 両手で包むように持つ
- **B** かた手で小指を立てて持つ
- **C** かた手でふつうに持つ

部屋にかざる写真

自分の部屋に写真をかざることにしたよ。
次のうちどれを選ぶ？

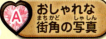
- **A** おしゃれな街角の写真

- **B** キレイな花の写真

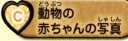
- **C** 動物の赤ちゃんの写真

診断結果は次のページ

友だちに差をつけるネイルシール

A ハート

キュートなハートのシールをちりばめよう。いろいろな色や大きさを組み合わせてみて。

B ストーン

パッと目を引くキラキラストーンシールが◎。ストーンでラインをつくってもいいね。

C 花

花のシールならおとなっぽくもかわいくも見せられるよ。種類や配置を工夫して。

みりょくがUPするキメ顔

A クールにツン

真顔でかっこよく決めるのがおすすめ。どの角度がいちばん良く見えるか研究しよう。

B おじょう様っぽく

首を少しかしげて、にっこりほほえむのがおすすめ。上品さをただよわせるようにね。

C 表情豊かに

口をあけて満面の笑顔を見せるのがおすすめ。表情をくずすくらい思いきり笑って。

 あこがれの女優さんの写真を切りぬいてノートにはれば、その人に近づけちゃう。

ノートデコ

ノートをかわいくデコレーションしちゃおう！
お気に入りのシールは、どの位置にはる？

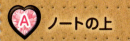
A ノートの上

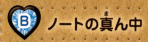
B ノートの真ん中

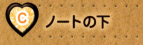
C ノートの下

スポットライトの色

あなたはダンサー。ステージの真ん中でおどっているよ！
あなたに当たっているスポットライトは、どんな色かな？

B 白

A 青

C 黄色

診断結果は次のページ

73

モテ度UPの美容法

A ヘアケア

天使の輪があるサラサラヘアがモテのカギに。シャンプー後にはトリートメントをつけてケアしよう。

毎日の洗顔の仕方がポイント。洗顔料をそのまま顔につけず、あわをたててから洗うようにしよう。

B スキンケア

C ボディケア

キレイなはだは男の子をドキッとさせちゃう。手や足にクリームをぬってしっとりさせよう。

かわいく見えちゃうプリポーズ

A 両手でハート

胸の前や顔の横で、ハートのかたちをつくって。キュートなみりょくが全開に。

B 王道のピース

あえてふつうのピースでナチュラルにパチリ。好感度がグッと上がるよ。

C ガオーポーズ

手をライオンのかぎづめみたいにして、笑顔で「ガオー！」。友だちウケも◎。

 ストライプは線が細いほど知的に、太いほどおだやかな印象になるよ。

フラワーアレンジメント

フラワーアレンジメントにちょうせん！
この花びんにひとつプラスするなら、どれがいいと思う？

A 別の色のバラ
B カスミソウ
C ひめリンゴ
D 葉っぱがついたくき

新たな自分を発見
かわいくなれちゃう
友情が深まる
恋がうまくいく
こっそり探る

診断結果は76〜78ページ

おすすめヘアアレンジ

診断43 キラキラおしゃれ問題

かみの毛の長さ別に、おすすめのヘアアレンジをしょうかいするよ。
長さの目安は、次のページの上を見てね。

A サイドテール 〔ロング〕

SIDE

かみの毛を左右のどちらかにたらし、耳の下でひとつに結べばお姉さんぽい印象に。大きめのシュシュやかざりつきゴムを使うのがおすすめだよ。

B ゆるふわパーマ 〔ロング〕

SIDE

かみの毛をみつあみにして、そのままねちゃおう。朝、みつあみをほどくだけで完成だから、とっても簡単。ふんわりやさしいふんいきになれるよ。

C 高めポニーテール 〔ロング〕

SIDE

かみの毛にムースかワックスをもみこんだあと、高めの位置でひとつに結ぼう。大きなリボンやボンボンのヘアゴムをつければ、ますますキュートに。

D デカおだんご 〔ロング〕

SIDE

ポニーテールにしたあと、毛先を根元にクルクル巻きつけて、ピンで固定しよう。毛束を少し引き出してラフな感じにすれば、おしゃれ上級者に。

ハッピーアドバイス　前がみで目元がかくれてしまうと、暗い印象になりやすいから気をつけて。

ロング
かみの毛が
かたより長い
→76ページ

ミディアム
あごのライン
から、かたに
かかるくらい
→77ページ

ショート
あごくらい
までの長さ
→78ページ

A　ハーフアップ（ミディアム）

BACK

かみの毛を耳の上と下でふたつにわけ、上の束だけゴムで結ぼう。大きめのバレッタやシュシュをつけて、ゴムをかくせば完成。せいそなふんいきに変身。

B　ツイストポニーテール（ミディアム）

BACK

まず、低い位置でゆるめのポニーテールをつくろう。ゴムの上のかみの毛をふたつにわけて、ポニーテールを上からクルッと通せばおじょう様風に決まるよ。

C　前がみポンパドール（ミディアム）

SIDE

前がみを持ちあげて、ゆるくねじろう。この部分を頭皮につけたまま前におし出し、ふっくらさせてピンで固定すれば、はなやかなポンパドールの完成だよ。

D　両サイドみつあみ（ミディアム）

BACK

左右のかみの毛を少しずつとり、それぞれみつあみにしてね。2本を後ろでまとめてバレッタでとめれば完成。顔の周りがすっきりして、さわやかな印象に。

ハッピーアドバイス　姿勢を正すと、キレイでさわやかな声が出るようになるからぜひ試してみて。

☆かわいさワンランクUPのヘアアクセ☆

シュシュ

かざりゴム・ピン

バレッタ

カチューシャ

A ななめ前がみ

前がみを7：3くらいにわけ、多いほうのかみをななめに流そう。かざりピンでとめれば優等生風に。前がみをクルッとねじってからとめるのもおすすめだよ。

B カチューシャアレンジ

ふだんのヘアに、カチューシャをプラスするだけで一気にかわいさ倍増。ショートヘアには、大きめの花やリボンのついたものがよく似合うよ。

C クロスピンどめ

サイドのかみの毛を一束とり、アメピンでクロスを2〜3個つくろう。カラフルなピンを使えば、ポップで元気あふれるイメージになるよ。

D ちょいみつあみ

耳の上あたりの毛束をとり、根元からみつあみにしてかざりつきゴムで結べばおとめ度UP。みつあみを指で少しひっぱり、わざとゆるめにするのがポイント。

ハッピーアドバイス　コロンの代わりにかおりつきハンドクリームなら、ほのかなかおりで好感度UP。

ふたりの好きな数字は?

テスト45

1〜9までの数字のうち、それぞれ好きな数字を「せーの!」で答えよう。
ふたりの答えた数字は何だった?

診断45

ふたりの相性

 A 0〜3 相性92%
めちゃくちゃぴったりな相性。ふたりなら何をしても盛りあがれそう。

 B 4〜5 相性70%
すぐに仲良くなれる相性。好きなものの話でキズナがグッと深まりそう。

 C 6以上 相性35%
残念ながら相性は低め。でも、おたがいを知れば仲良くなれるはず。

相性92%!?

テスト46 音楽プレイヤーの使いかた

音楽プレイヤーを買ってもらったよ。でも、使いかたがわからない！
こんなとき、あなただったらどうする？

- Ⓐ 説明書を読んで調べる
- Ⓑ 適当に使ってみる
- Ⓒ 周りの人に聞いてみる

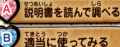

えっと…
私大ざっぱだし Ⓑ かな……

Ⓑね！

診断46 ケンカしたときの仲直り方法

- Ⓐ ごめんねと手紙を出そう
- Ⓑ 仲直りを提案してみよう
- Ⓒ ほかの子の力を借りよう

Ⓐ 素直な気持ちを手紙に書いてわたそう。直接では言いにくいことも、しっかり伝えられるよ。

Ⓑ 勇気を出して、あなたから「仲直りしたい」って言ってみよう。相手も素直になってくれるはず。

Ⓒ 共通の友だちに相談して、仲直りの手伝いをしてもらおう。おたがいあやまりやすくなるよ。

…よし！
じゃあ
いこうか!!

…え？
どこに？

動物園で絵さがし

動物園に黄色のぼうしをかぶった女の子が4人いるよ。
あなたが最初に見つけた子はどこにいたかな?

診断結果は88ページ

女の子の行動は？

その子がすでに見た動物は、何種類いると思う？
また、これから見ようとしている動物は何だと思う？

新たな自分を発見

かわいくなれちゃう

友情が深まる

恋がうまくいく

こっそり探る

診断結果は89ページ

ぴったりの親友タイプ

ピンクの女の子を見つけた人
やさしくてなみだもろい子

あなたがつらいときに、いっしょに泣いたりおこったりしてくれる子がいいね。精神的に支えられることが多そう。

水色の女の子を見つけた人
積極的で行動力がある子

あなたのことをどんどんリードしてくれる子と親友になれるといいね。活動はんいやしゅみもすごく広がりそう。

どんなときも冷静にアドバイスをしてくれる子が理想的。頭の回転が速く、自分では気づかないことを教えてくれるはず。

黄色の女の子を見つけた人
まじめで頭がいい子

常識にしばられない、自由な子と仲良くなろう。いっしょにいると新しい発見があり、毎日を楽しく過ごせちゃう。

緑の女の子を見つけた人
自由でマイペースな子

人は名前で呼ばれると相手に親しみをもつんだ。友だちを名前で呼んでみよう。

診断 48 親友の数と、仲良くなりたい子

すでに見た動物の数 ＝20才までにできる親友の数

たとえば「5種類の動物を見た」と答えた人は、20才までに5人の親友ができるはず。すでにふたりいるなら、このあと3人増えるってことだよ。これから素敵な出会いがたくさんあるといいね！

これから見ようとしている動物 ＝あなたが今、仲良くなりたい子のイメージ

たとえば「ぞう」と答えた人は、「ぞうのようにおっとりしているけれど、じつはパワフルな子」と仲良くなりたいと思っているんだ。もし心当たりがあったら、さっそく遊びにさそってみよう！

ハッピーアドバイス
味方を増やしたいなら「ありがとう」「ごめんね」をきちんと口に出すと効果的。

犬の顔をかいてみよう

下の犬のイラストに、目、鼻、口、ひげをかきこんで顔を完成させてね。

服とリボンは何色？

ペンや色えんぴつで、この犬の服とリボンに色をぬろう。
最大で5色まで使ってOKだよ。

90

診断結果は92、93ページ

ペットの犬

家で犬を飼うことになったよ。
友だちが遊びにきたとき、あなたはこの犬をどうする?

A みんなでいっしょに遊ぶ

B 好きにさせておく

C 別の場所へかくす

診断結果は 93 ページ

恋のキューピッドになってくれる子

目からかいた人
話をよく聞いてくれる子
好きなカレとの関係や今の気持ちを相談すれば、どうしたら仲良くなれるかなど、いろいろとアドバイスをくれそう。

鼻からかいた人
男の子とも仲の良い子
好きなカレのことを伝えておけば、自然なかたちでふたりきりになるチャンスをつくってくれそう。

口からかいた人
情報通の子
カレの好きなタイプをリサーチして教えてくれたり、かわいく見えるアドバイスをしてくれるよ。

ひげからかいた人
カンがいい子
好きなカレに話しかけるとき、そばにいてもらおう。あなたの好感度がUPするようにサポートしてくれるよ。

ハッピーアドバイス 小さなヒミツをこっそり打ち明けると、相手から信頼してもらえるよ。

理想の仲良しグループ

1〜2色使った人 似たものグループ

あなたは性格や好みなど、似ている点が多い子で集まるのが好きみたい。

3〜4色使った人 しゅみグループ

性格はそれぞれちがうけれど、しゅみなどに共通点がある子でグループをつくりたいよう。

5色使った人 個性派グループ

しゅみも性格もまったくバラバラの子が集まった、個性豊かなグループを目指しているよ。

友だちに対するどくせん欲

あなたは友だちがほかの子と遊んでいても気にしないみたい。大勢でわいわい遊ぶのも大好きだね。

A どくせん欲は低め

自分だけといてほしいとは思っていないけれど、仲良しの子に別の親友ができると複雑な気分になっちゃいそう。

B どくせん欲は中くらい

友だちには自分とだけ仲良くしてほしいタイプ。ほかの子といるのを見ても、しっとしないように気をつけて。

C どくせん欲はすごく高め

ハッピーアドバイス 友だちの話を聞くときは少し前に乗り出して聞くと、あなたの好意が伝わるよ。

カフェのまちがいさがし

上下のふたつの絵にはちがうところが6つあるよ。
あなたが最初に見つけたまちがいはどれ？

診断結果は96ページ

合流する男の子

このあと、もうひとり男の子がくるんだって。
それはどんな子だと思う？ くわしく教えて。

今何時？

この子たちがおしゃべりしている時間は、
次のどちらだと思う？

 午前10時

 午後1時

診断結果は次のページ

診断 52 わいわいイラスト問題 男の子と友だちになれるか

まちがいさがしの答え

最初に「男の子」のまちがいを見つけた人
あなたは男の子と自然に友だちになれるタイプ。特別に意識したりせず、女の子の友だちと同じように楽しく遊べるよ。

最初に「女の子」のまちがいを見つけた人
最初は友だちでも、仲良くなるとつい異性として意識しちゃうみたい。友情を続けたいなら、少し努力が必要かも。

診断 53 理想の男友だち

合流する男の子のイメージは、あなたが男友だちにしたい理想のタイプだよ。「おっちょこちょいだけどやさしい子」って答えたなら、そんな性格の男友だちが欲しいみたい。クラスでそのイメージに近いと思う子はいないかな？ 積極的に話しかけてみてね。

診断 54 男女グループで遊ぶのにおすすめの場所

A ちょっと遠出しよう

遊園地やキャンプなど、遠くに出かけるのがおすすめ。新しい体験ができるから、みんなのキズナが一気に深まりそうだね。

B 身近なところで遊ぼう

グループのだれかの家や近くのゲームセンターなど、近所で遊ぶのがおすすめ。よく知っている場所だから、リラックスして楽しめるよ。

ハッピーアドバイス　たとえ話や具体的な話を会話の中に入れるだけで、一気に話が盛り上がるよ。

クローゼットのまちがいさがし

上下のふたつの絵にはちがうところが4つあるよ。
あなたが最初に見つけたまちがいはどれ？

診断結果は次のページ

友だちとのケンカの原因

わいわいイラスト問題 55

まちがいさがしの答え

「ぼうし」のまちがいを見つけた人
あなたの思いこみ

友だちにひどいことをされたと思いこんで、おこっちゃいそう。ついカーッとしちゃっても、一度冷静になってみて。よく考えてみると、自分の誤解だったと気づくことが多そうだよ。

「洋服」のまちがいを見つけた人
考えかたのちがい

話し合いで意見が対立しちゃうみたい。友だちの意見が自分の考えとちがっても、決して否定しないようにしよう。「そういう見方もあるんだな」って思うといいよ。

「バッグ」のまちがいを見つけた人
好きな人のこと

好きな人のことになると、ささいなことも気になっちゃうものだよね。いくらじょうだんでも、友だちの好きな人をけなすような発言はぜったいやめよう。いやな気持ちにさせてしまうよ。

「くつ」のまちがいを見つけた人
ものの貸し借り

自分の大事なものを雑にあつかわれたとか、借りたものをなかなか返さないことが原因でケンカしちゃいそう。おたがいにマナーを守って、人のものは大切にあつかうようにしようね。

ハッピーアドバイス ケンカをしたときは謝るのが早ければ早いほど、そのあとも仲良くできるよ。

素敵なおうちのカーテン

森を散歩していたら、素敵なおうちを見つけたよ。
その家の窓はどうなっていたと思う？

 カーテンが横にとめてあり、中が見える

 カーテンが窓の外になびいて、中が見える

 カーテンが閉まっている

 カーテンはなくブラインドが閉まっている

診断結果は次のページ

ヒミツ主義度

A ヒミツ主義度 42%

あなたはあまりかくしごとはできないみたい。でも、人に伝えるのがめんどうでだまっていることがあるから、周りからはヒミツをもっている人だと思われている可能性があるよ。

B ヒミツ主義度 25%

あなたはヒミツをもつのが苦手なタイプだね。本当はないしょにしたほうがいいことも、うっかり口がすべってしまうみたい。余計なことを話して、信用をなくさないように気をつけて。

C ヒミツ主義度 72%

あなたはしつこく聞かれない限り、自分のことは話さないタイプだね。本音をさらけ出すのがこわいみたい。周りからはミステリアスな人だと思われているかも!?

D ヒミツ主義度 91%

あなたはとってもヒミツの多い人。なんでもないことでも、ついついかくしちゃう性格みたい。でも、仲良くなるためには、自分をさらけ出すことも必要なのかも。

ハッピーアドバイス 友だちと遊びに行ったときは、目の前ではなく横に座るとさらに仲良し度UP。

みんなでホームパーティー

食べものを持ちよって、おうちでパーティーを開くことに。それぞれの食べものを持ってきてくれた人を、友だちに当てはめてみて。

Ⓐ からあげ　Ⓑ ポテトサラダ　Ⓒ ポテトチップス

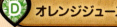 Ⓓ オレンジジュース
 Ⓔ マドレーヌ
 Ⓕ マシュマロ

診断結果は次のページ

あなたにとってどんな友だちか

A 頼りになる友だち

とてもパワフルで、この人についていけばまちがいないと思っているみたい。困ったときには相談にのってもらいたいね。

B いないと困る友だち

あまり目立たないけれど、かげでみんなを支えてくれているえんの下の力持ち。この子がいないと不安になっちゃいそう。

C おもしろい友だち

笑いのセンスがばつぐんで、グループのふんいきを良くしてくれる人だと思っているよ。いっしょにはしゃぎたいね。

D ノリがいい友だち

明るくて親しみやすいと思っているよ。でも、たまにノリについていけないって感じちゃうこともあるかも!?

E あこがれている友だち

おとなっぽくて、おしゃれの仕方を参考にしたいと思っているよ。ないしょでおしゃれテクを教えてもらっちゃおう!

F 守ってあげたい友だち

この子がもし困っていたら、放っておけなくて世話をやきたくなっちゃう。かわいい妹や弟みたいな存在だね。

ハッピーアドバイス　友だちと盛りあがりたいときは、オレンジや黄色を1点だけ服に取り入れて。

公園で遊ぶ子どもたち

公園へ行ったら、近所の子どもたちが遊んでいたよ。
次のうちどれで遊んでいたと思う？

 すべり台

 砂場

 シーソー

 ブランコ

診断結果は次のページ

103

意外と仲良くなれる子

A ライバル視している子

勉強やスポーツで競い合っている子はいない？ じつはその子とは、刺激し合いながらすごく仲良くなれるよ。思いきって「いっしょに勉強しよう！」ってさそってみるのもいいかも。

B 地味でおとなしい子

ふだん無口で、あまり話をする機会がない子に話しかけてみて。意外なおもしろい一面を発見したり、同じアイドルが好きで意気投合したりしそう。あなたから心を開いていけばうまくいくよ。

C なにもかも正反対の子

自分とはまったく共通点がないと思っている子はいない？ じつはそんな子とも仲良くなれる要素があるみたい。知らないことを教え合って、おたがいに尊敬できる友だちになれちゃう。

D クラスで人気者の子

はなやかで、だれもがみとめるクラスのアイドルに注目して。意外なところに共通点があって打ちとけられそうだよ。はじめはドキドキするかもしれないけれど、勇気を出して話しかけよう。

ハッピーアドバイス　友だちともっと仲良くなりたい日は、水玉の服を着ていくと効果的だよ。

ジェットコースターに乗ろう

仲良しの4人でジェットコースターに乗ることに。座れるのは1列にひとり。あなたと友だちは、それぞれどこに座るかな？

なみだがとまるアメ

なめると、なみだがとまるアメがあるよ。
そのアメは何色だと思う？

A 青　B 黄色　C 赤　D 白

新たな自分を発見　かわいくなれちゃう　友情が深まる　恋がうまくいく　こっそり探る

診断結果は106、107ページ

105

# グループ内での役割

A 盛りあげ役

グループのムードメーカー。いつも新しい話題を出してみんなを楽しませてくれるよ。グループになじめない子や落ちこんでいる子がいるときも、率先して話しかけるよ。

B サポート役

みんなをさりげなく助けてくれる、えんの下の力持ちキャラだよ。自己主張したりしないからふだんは目立たないけれど、その子がいないとみんな困っちゃうんだよね。

C アドバイザー役

グループのご意見番。「こうしたほうがいいんじゃない？」とみんなを冷静に導くよ。自分ひとりで行動することもできるから、ときには一ぴきオオカミに変身。

D リーダー役

このグループをまとめているよ。ふだんはみんなの言うことを聞いているけれど、じつはさりげなくグループを仕切っている、かくれボスの人もいるかも!?

ハッピーアドバイス おたがいの似ているところを伝えると、相手に好意をもってもらえるよ。

元気のない友だちをはげます方法

A いっしょにいよう

その子のそばについていてあげよう。無理に明るく話しかけなくてもいいから、ただ相手の横に座っていてあげて。友だちがいっしょにいると、それだけで心強いし気持ちも落ち着くよね。

B 笑わせちゃおう

友だちが笑顔になれるように、変顔しちゃおう。だけど、たいへんなときにふざけていると思われないように気をつけてね。「私は味方だから元気出して！」って口でも伝えるようにしよう。

C ギュッとハグしよう

友だちを思いっきりだきしめてあげよう。言葉に出さなくても、あなたの気持ちが通じて元気になってもらえるはず。背中をやさしくポンポンしてあげると安心してなみだを流せるかも。

D そっと見守ろう

うるさくされるのはいやな子も多いから、しばらくそっとしておいてあげよう。さりげなく飲みものをわたしたりして、気にかけていることは伝えられるといいね。落ち着いたら話を聞いてあげて。

ハッピーアドバイス　友だちのクセをこっそりマネして取り入れてみて。仲良くなれるテクだよ。

新たな自分を発見 / かわいくなれちゃう / 友情が深まる / 恋がうまくいく / こっそり探る

友だちとふたりでめいろ

下のめいろには4つの入り口があるよ。どこから入るか、友だちとふたりで相談せずに「せーの！」で指さして。

診断結果は 110 ページ

友だちみんなで選ぼう

テスト 62 友情がっしり問題

ハロウィンパーティーに参加することに。自分がしたいコスプレを「せーの！」で指さして。何人でやってもOKだよ。

A 魔女
B おひめ様
C おばけ
D 動物の着ぐるみ
E ヴァンパイア
F ようせい

診断結果は次のページ

ふたりは何コンビ

同じ入り口を指さした
ふたごコンビ

ふたりは考えかたや好みがそっくり！　いっしょにいるだけでハッピーな気分になれるよ。

となりの入り口を指さした
ボケツッコミコンビ

おたがいに足りないところを補い合えるみたい。困ったときに相手を助けられる存在だよ。

反対側の入り口を指さした
ライバルコンビ

考えかたがちがうから、ぶつかることもあるけれど、おたがいに競い合って成長できるよ。

キズナを深める方法

A、C、Eを選んだ人 ➡ ★タイプ　　B、D、Fを選んだ人 ➡ ♥タイプ

みんな★タイプ

それぞれの好きな本や音楽をしょうかいし合って、貸し借りしてみよう。

みんな♥タイプ

みんなで遠くに遊びに行ったり、勉強会を開いたりするのがおすすめ。

★と♥両方いた

将来やってみたいことや、なりたい職業についてじっくり語り合おう。

ハッピーアドバイス　友だちが好きな色の小物を持とう。相手とより仲良くなれるはず。

ピストルでバンバン

テスト63 友情がっしり問題

手でピストルのかたちをつくり、友だちに「バンバン」と うつマネをしてみよう。友だちはどんなふうに反応したかな？

- Ⓐ 「やられた〜」ってノリノリで たおれるフリをした
- Ⓑ 「何それ？」「どうしたの？」 などうすい反応
- Ⓒ 守るポーズをとったり たまをよけるフリをした
- Ⓓ 相手も同じように うち返すマネをした

診断結果は次のページ

10年後のふたりの関係

A さらに仲良し

ふたりのキズナは今よりもさらに深まっているよ。姉妹以上に親しく、まさに一生の親友といえるかも。そんな風に付き合える友だちはとても貴重だから、大切にしよう。

B ときどき連絡

それぞれの道に進んでいて、いっしょに行動することは少なくなっちゃいそう。いそがしくてあまり会えないけれど、メールや電話で連絡をとり続けるよ。

C 良きパートナー

おたがいの弱点や夢をより理解し、支え合っているよ。たんなる友だちというだけではなく、いっしょに仕事やボランティアをするパートナーになっているかも。

D 良きライバル

いろいろな面で競い合いながらも尊敬し合う、なくてはならない関係になりそう。相手に負けないように、自分ももっとがんばろうとおたがいに高め合っていけるよ。

ハッピーアドバイス 友だちがよく使う絵文字をまねしてメールを送ろう。親しさがUPするよ。

足をあげて

「足をあげて」と言われたら、右足と左足のどちらをあげる？
友だちとふたりで試してね。

手をくっつけて

友だちと、おたがいの右手と左手をくっつけてみて。
最初にふれ合ったのは、どの指だったかな？

診断結果は 114、115 ページ

おすすめふたごコーデ

あなた右足×友だち右足
ロゴT×カラーパンツ

インパクト大のロゴTシャツは1枚でもおしゃれに決まっちゃう。パンツは色ちがいにするのがポイント。

おすすめスポット
ゲームセンター

あなた右足×友だち左足
パーカ×ボーダーワンピ

ボーダーがらのミニワンピに、パーカを合わせて。足元はスニーカーでスポーティーに決めると、おしゃれ上級者。

おすすめスポット
水族館

あなた左足×友だち右足
カットソー×花がらスカート

女の子らしい花がらスカートに、シンプルなカットソーを合わせるコーデが、ほんわかとしたふたりにぴったり。

おすすめスポット
公園

あなた左足×友だち左足
ブラウス×チュールスカート

ブラウスとふんわりチュールスカートで、ガーリーなお人形さんコーデにちょうせんしてみよう。

おすすめスポット
カフェ

ハッピーアドバイス 友だちといっしょにご飯を食べると、より仲良くなれるっていわれているよ。

友情を深めるおそろグッズ

人さし指 ペン
ふたりで文ぼう具店に行って気に入るものを選ぼう。勉強のやる気もUPするよ。

中指 サイフ
外に行くときにかならず持ち歩くものだから、いつも相手のことを思い出せるね。

薬指 ハンカチ
ポケットに入れておけば、いつも近くにいるような心強い気持ちになれるよ。

親指 キーホルダー
大事なカギをつけるものだから、ふたりの信頼度がぐっと高まりそうだね。

小指 日記帳
相手に語りかける気持ちでおたがいに日記を書けば、キズナがさらに深まりそう。

友だちの話すスピードに合わせて話をすると、ふたりのきょりを縮められるよ。

友ともっと仲良くなれちゃう★おまじない

友情をぐんと深めてくれるおまじないをしょうかいするよ。
友だちと楽しい毎日が送れますように！

友だちが増えるおまじない

すずを用意し、緑の糸を通そう。ねる前に「すずの音の数だけ友だちが増えますように」ととなえながらすずを3回ふり、朝まで月の光にあてて。次の日から毎日持ち歩くと、だんだん友だちが増えていくよ。

あこがれの子と仲良くなれるおまじない

青の折り紙を用意し、青い面に青のペンで仲良くなりたい子の名前と自分の名前を書こう。その子と遊んでいる姿を頭にうかべながら、その紙でツルを折り、机の上にかざって。あこがれの子と仲良くなるきっかけができるよ。

転校や卒業をしても友情が続くおまじない

みんなでかぶらないように色を決め、それぞれの色の毛糸を持ちよろう。それをねじり合わせて1本にまとめたら、人数分の結び目をつくり、最後の結び目の下で切って。これを全員分つくりみんなで持てば、友情がいつまでも続くよ。

グループのキズナが深まるおまじない

白い紙と植物の種を用意し、紙には緑のペンでみんなの名前を書きこもう。この紙で種を包んだら、全員が紙に手をふれながら、声をそろえて「キズナは育つ」とつぶやいて。種を公園のすみにうめれば、グループのキズナが深まるよ。

男友だちができるおまじない

縦横1㎝に紙を切り、Ⅱを右のぼうは青、左のぼうはピンク、そのほかを黒のペンでかこう。その紙をいつも使うペンにテープではれば、1か月以内に男友だちができちゃう。

生まれ順でみる！友情攻略図鑑

兄弟姉妹の中で何番目に生まれたか、という生まれ順から性格や友情の傾向がわかるんだ。これが「生まれ順診断」だよ。友情を深めるために、ぜひ活用してね！

生まれ順タイプの確かめかた

生まれた順番で、右の4つのタイプにわかれるよ。「長女」「次女」などという考えかたではなく、生まれた順番だけで考えてね。

4つのタイプ

- 長子タイプ ➡ 兄弟姉妹の中で、最初に生まれた子
- 真ん中っ子タイプ ➡ 上と下に兄弟姉妹がいる子
- 末っ子タイプ ➡ 兄弟姉妹の中で、最後に生まれた子
- ひとりっ子タイプ ➡ 兄弟姉妹がいない子

生まれ順ランキング

友だちの数ランキング
- 1位 真ん中っ子タイプ
- 2位 末っ子タイプ
- 3位 長子タイプ

出世度ランキング
- 1位 末っ子タイプ
- 2位 長子タイプ
- 3位 真ん中っ子タイプ

おとな度ランキング
- 1位 ひとりっ子タイプ
- 2位 真ん中っ子タイプ
- 3位 長子タイプ

頼られ度ランキング
- 1位 長子タイプ
- 2位 ひとりっ子タイプ
- 3位 末っ子タイプ

長子タイプ

基本の性格
しっかり者の優等生が多いよ。ルールはきちんと守るし、まじめでがんばり屋さん。気持ちのままに行動したり、わがままを言ったりするのは苦手みたい。

友情の傾向
面倒見が良くしっかりしているから、友だちから頼られるタイプだよ。ただし、人に相談したりあまえたりするのは苦手だから、友だちにもあまり本音を見せないかも。

友情を深める方法
頼りにすると喜ぶはず。自分の気持ちを出すのが苦手で、がまんしがちなところがあるから「○○ちゃんはどう思う?」って意見を聞いてあげよう。

相性 ◎ 末っ子タイプ
相性 ✕ 真ん中っ子タイプ

真ん中っ子タイプ

基本の性格
人付き合いがうまく、何事も器用にこなしていくタイプだよ。情報通だし、流行にもすごくびんかんな人が多いんだ。ただし、熱しやすく冷めやすいところもあるみたい。

友情の傾向
だれとでもすぐに仲良くなれるから、友だちもたくさん。ただし、どちらかというとさばさばした友情を好む傾向があるみたい。おたがいをそくばくするような重い友情はいやがるよ。

友情を深める方法
新製品や流行に興味があるから、情報をこうかんし合おう。じつは自分に自信がない人も多いから「あなたの味方だよ」って意思表示をすると、一気に仲良くなれそう。

相性 ◎ 真ん中っ子タイプ
相性 ✕ 長子タイプ

末っ子タイプ

基本の性格
わがままを言うことも多いけれど、人なつっこくてにくめないタイプ。自己主張をしっかりするから、目立つ人が多いね。負けずぎらいで感情表現も豊かだよ。

友情の傾向
くるものこばまずで、周りにはいつも友だちが絶えないよ。大勢でいるときにはリーダーキャラに変身して、みんなをしきっていくよ。やや強引で友だちをふり回す傾向あり。

友情を深める方法
あまえんぼうなタイプだから、あなたがお姉さんキャラになってあまえさせてあげるといいね。ただし、わがまますぎると思ったらはっきり伝えよう。そのほうがより仲良くなれるはず。

相性 ◎ 長子タイプ
相性 ✗ ひとりっ子タイプ

ひとりっ子タイプ

基本の性格
想像力が豊かで、すごくマイペース。人と合わせるのはちょっと苦手で、「自分は自分」っていう個人主義の人が多いよ。また、平和を好む傾向も強いみたいだね。

友情の傾向
人間関係はちょっぴり不器用。個性が強いから、友だち関係で苦労しがち。でも、一度仲良くなった相手はとても大切にするよ。年れいに関係なく友だちになれるのがすごいところ。

友情を深める方法
個性的な子が多いから、その個性をほめるとすごく喜んでもらえそうだ。いっしょに行動するときは、あなたが相手に合わせてあげよう。せかしたりするのはダメだよ。

相性 ◎ ひとりっ子タイプ
相性 ✗ 末っ子タイプ

4章 恋がうまくいく心理テスト

★ あなたの恋愛タイプ ★ 相性のいい男の子 ★
★ カレとのきょりを縮める方法 ★ などがわかる！

もう1品は？

お皿にアイスクリームがのっているよ。
横にもう1品のせるなら、次のうちどれがいい？

そうだな〜

私ならⓒのパンケーキっ！

ぺらっ

結果は――

診断66 運命の人との出会いかた

へぇー！

Ⓐ 前にぐうぜん出会ったカレと再会

買いもののときに見かけた男の子とじゅくで再会！ ぐうぜんの出会いから恋が始まるよ。

Ⓑ 同じ本やCDに手をのばしてドキッ

本屋で同じ本を取ろうとしたカレと手がふれちゃった！ 運命の人はじつは近くにいるのかも。

Ⓒ ハプニングを助けてもらう

困っているところを男の子が助けにきてくれるかも！ そのカレが運命の人の予感あり。

私の出会いは「ハプニングを助けてもらう」かあ

好きな人の前でやってしまう失敗

相手にしつこくしすぎちゃう

言いかたが悪くて相手を傷つけちゃう

ついぶりっこしてキャラを誤解される

仲良くなりたくてちょっかいを出していたら、うっとうしがられることが。何事もやりすぎはNG。

伝えかたが悪くて、話の内容を誤解されちゃうことがありそう。口にする前によく考えて。

よく見せようと自分をつくってしまい、キャラを誤解されることが。あとあと困ったことに……

「相手を傷つけちゃう」

……

……

イヤイヤ
まさかねっ

ようはそうゆう
発言しなきゃ
いいんだよっ

そうだ！

ほめるのとか
どうかな……

ショウくんって
体は小さいのに
サッカー
ほんとうにすごいよねっ！
エースだしっ

？

……どうせおれは
チビだよ！

あ あのさ

えっ……

かさをなくした

テスト 68

雨が降ってきたのにかさをなくしちゃった。
こんなとき、あなたならどうする？

A 走って帰る
B 友だちのかさに入れてもらう
C しばらく雨宿りする

ぐすぐす
——そうだなあ

B……かなぁ……
ぐす、

失恋したときの立ち直りかた

診断 68

A 泣ける曲や映画で号泣

泣ける映画やマンガ、バラードの曲でおもいっきり泣いてみよう。気持ちがすっきりするはず。

B 友だちに話を聞いてもらう

仲良しの友だちにつらい気持ちを打ち明けよう。話をしているうちに自然とふっきれそう。

C 思いっきりねる

考えこまないよう、まずはねてリフレッシュ。少しずつ気持ちの整理がついてくるはずだよ。

マグカップの決め手

マグカップを買いにきたよ。あなたは選ぶとき、何を優先する？ 重要だと思う順番に並べてね。

 A 値段

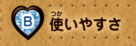 B 使いやすさ

C 色

D 大きさ

診断結果は130ページ

花束のプレゼント

大好きなカレから花束をプレゼントされちゃった。
もらった花束は、次のうちどれかな?

診断結果は次のページ

カレに求めるもの

A 親しみやすさ　B 相性の良さ　C 見た目　D やさしさ

優先する順番が、あなたがカレを選ぶときに大切にする順番だよ。たとえば、C ➡ D ➡ B ➡ Aで選んだ人は、見た目 ➡ やさしさ ➡ 相性の良さ ➡ 親しみやすさの順で考えるってこと。イケメンに弱いタイプなのかも!?　あなたの結果はどうだったかな?

どんな恋愛をするか

A 燃えるように情熱的な恋愛

好きになったら一直線!「この人しかいない」と、出会ったしゅんかんに運命を感じるなんてことも。

B さわやかでサバサバした恋愛

困ったときは助け合い、周りからもおうえんしてもらえる恋愛に。親友みたいにケンカもできるよ。

C 楽しく盛りあがる恋愛

友だちもいっしょに、わいわい盛りあがる恋愛になりそう。ふざけ合いながら、毎日楽しく過ごせるよ。

ハッピーアドバイス　人のいいところはどんどんほめるようにすると、男の子からの人気UP。

おいしそうなお弁当

次のお弁当のおかずから連想する男の子はだれ？
同じ具に何人か当てはまるときは、全員の名前をあげてね。

 A ごはん

 B 梅干し

 C たこさんウインナー

 D ミニトマト

 E 卵焼き

 F ピーマンの肉づめ

診断結果は次のページ

診断 71 その男の子をどう思っているか

A 頼りにしている

困ったことがあるとつい相談してしまう男の子。しっかり者のカレにいろいろと頼ってしまっているのでは?

B 頭が良くて個性的

知的であなたの知らないこともたくさん知っている男の子。少し変わり者だと感じても、そこがカレのみりょく。

C 明るくておもしろい

あなたをいつも笑わせてくれる男の子。きっとクラスでも、場のふんいきを盛りあげるムードメーカーだね。

D 仲良くなりたい

あなたがもっと話したり遊んだりしたいと思っている男の子。勇気を出して、自分から声をかけてみよう。

E 自分に好意をもっている

もしかして私のこと好き……!?とひそかに感じている男の子。あなたを見守ってくれる大切な存在だよ。

F 苦手だけど気になる

私とは合わないかも……と思いつつ、逆に意識してしまっている男の子。新しい恋が始まる予感かも!?

ハッピーアドバイス　ゆれるイヤリングをつけると、男の子たちの視線を引きつけられるよ。

カレと歩くとき

カレとふたりで並んで歩いているところを想像してみて。
あなたはカレのどちら側にいるかな？

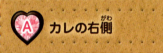
Ⓐ カレの右側

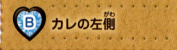
Ⓑ カレの左側

エレベーターで……

あなたは今、80階建てビルの1階にいるよ。屋上に向かうためにエレベーターに乗ったんだけど、ある階ですごくかっこいい男の子たちが大勢乗ってきたんだ。それは何階だったと思う？

診断結果は次のページ　133

診断 72 カレにあまえたい派？ あまえられたい派？

A あまえたい

わがままを言っても受けとめてくれ、あなたをおひめ様みたいにあつかってくれるやさしいカレが理想。

B あまえられたい

カレから頼られると、ついつい張り切っちゃいそう。年下や末っ子など、あまえじょうずなカレがぴったり。

診断 73 人生最大のモテ期

その階は、あなたのモテ期の年れいを示しているよ。20階と答えた人は、20才がいちばんのモテ期ってこと。え、もう過ぎちゃった！？ それなら次のモテ期がくるよう自分をみがこう！

ハッピーアドバイス 話をするとき笑顔でいるだけで、モテ度は5倍UPするみたいだから試して。

女の人が選んだマフラー

お店で女の人がカレのためにマフラーを選んでいたよ。
この人はどんなマフラーを選んだと思う？

野いちごの味

森を散歩していたら、おいしそうな野いちごを発見！ さっそく1つぶ食べてみたよ。食べ終わったときの感想は？ また、この野いちごのことはほかの人に教える？ 教えない？

診断 74. **理想のプロポーズの言葉**

A およめさんになってください

わかりやすいプロポーズがいちばん！素直な気持ちを伝えてくれるカレなら、すぐに返事もできるね。

B 一生、君を守るよ

結婚相手は運命の王子様！一生に一度だから、思い出に残るロマンチックなプロポーズを夢見ているよ。

C おれには君しかいない

情熱的な気持ちを伝えてほしいあなた。男らしい強気なセリフに、思わずドキドキしちゃうかも。

D いっしょのお墓に入ろう

友だちにも結婚をお祝いしてほしいから、話のネタになるような変わったプロポーズをされたいと思っているよ。

診断 75 **ファーストキスの感想**

野いちごを食べた感想は、じつはあなたのファーストキスの感想なんだよ。「あまい」「すっぱい」……あなたはどんな味を想像したかな？また、その野いちごのことをだれかに教えようと思った？　教える人はキスしたことを人にじまんしちゃう人。教えない人はないしょにしておく人だよ。

ハッピーアドバイス　話しかける回数や会う回数が多いほど、好意をもってもらいやすいんだって。

テスト 76 ネックレスがからまっちゃった

大切なネックレスをつけようとしたら、からまってほどけなくなってしまったよ。こんなとき、あなたならどうする？

 A ひとりでほどく

 B しばらく放っておく

 C 人にほどいてもらう

 D 捨ててしまう

テスト 77 真珠が入っている貝

4つの貝のどれかに、キラキラ光る真珠が入っているんだって。当てたら真珠をもらえるよ。さて、あなたはどれを選ぶ？

診断結果は138、139ページ

76 カレとケンカしたときの対応

A 自分から謝る

あなたのほうから仲直りしようと、がんばって行動するタイプだね。素直に「ごめんね」と伝えれば、きっとすぐに仲直りできるはず。ケンカの原因をふたりで話し合えば、前より仲が深まるよ。

B カレが謝ってくるのを待つ

悪いのはカレなんだと意地をはって、話すのをやめたり、放っておいたりしちゃうかも。一歩おとなになって、自分から謝ることも大切だよ。それができないときは、カレが話しかけやすい空気をつくってあげよう。

C だれかに協力してもらう

ふたりの共通の友だちにお願いして、仲直りする手助けをしてもらおうとするかも。カレも気を許せる友だちにあいだに入ってもらえば、意外とかんたんに仲直りできちゃいそう。

D 絶交してしまう

つい感情的になって「絶交！」と言ってしまうかも。でも、あとから「あんなこと言わなきゃよかった……」とこうかいするはず。一度気持ちをリセットして、どうするべきか落ち着いて考えよう。

ハッピーアドバイス 失恋しちゃったときには、明るい曲より悲しい曲を聞いたほうが元気になれるよ。

結婚する年れい

A 21才までか35才以上

とても早いか、ちょっとおそくなるかの両極たんになりそう。21才までの場合は「この人しかいない！」という熱い恋に落ち、35才以上の場合は周りに流されず、本当に好きな人ができてから結婚するよ。

B 22才から24才のあいだ

学校を卒業したら、なるべく若いうちに結婚したいと思うあなた。将来のことをしっかり考えて計画的に行動するよ。若いお母さんになって、子育てと家事をバリバリこなしそうだね。

C 25才から28才のあいだ

社会人になって、仕事をある程度覚えてくると、そろそろ結婚しようかなって思うみたい。同窓会で再会した元クラスメイトや、同じ職場の人と気が合って、スピード結婚しちゃう可能性もあるかも。

D 29才から34才のあいだ

たくさんの人生経験を積んで、男の人を見る目もしっかりしてくるから、素敵な人と幸せな結婚ができちゃいそう。経済的にも安定しているから、ゆったりした生活ができあたたかい家庭をつくれるよ。

ハッピーアドバイス 人は好意を示されると、その相手を好きになりやすいんだ。好意は見せていこう。

遊園地に出かけよう

次の4つの問題それぞれで、
当てはまるものの□に♥をかいてね。

Q1
クラスの女の子たちと遊園地に出かけることにしたよ。何人で行くのが楽しそうかな？

□ **A.** 3人

♥ **B.** 5人

□ **C.** 7人以上

Q2
遊園地に着くと、クラスの男の子たちも遊びにきていたよ。こんなとき、どうする？

♥ **A.** いっしょに行動する

□ **B.** お昼に集合する

□ **C.** 別々に遊ぶ

Q3

遊園地に入ったよ。まずはどのアトラクションで遊ぶ？

- ☐ **A.** ジェットコースター

- ◆ **B.** メリーゴーラウンド

- ☐ **C.** おばけやしき

- ☐ **D.** フリーフォール

Q4

次の日の朝、遊園地で会ったクラスの男の子が話しかけてきたよ。何て言われたかな？

- ☐ **A.**「昨日はつかれたね」

- ☐ **B.**「今日の宿題やってきた？」

- ☐ **C.**「どの乗りものが楽しかった？」

- ◆ **D.**「次は別の遊園地に行こうよ」

診断結果は 142、143 ページ

相性のいい男の子

140、141ページの答えの点数を下の表でチェックして、あなたの合計点を計算してね。

	A	B	C	D	あなたの点数
Q1	0	1	2		
Q2	2	1	0		
Q3	3	0	1	2	
Q4	1	0	2	3	6
					合計点

合計点は何点だったかな？
3点以下 ➡ Aタイプ　　4〜5点 ➡ Bタイプ
6〜7点 ➡ Cタイプ　　8点以上 ➡ Dタイプ

私に合うのはどんな男の子だろう？

A クール系男子

相性がいいのは、頭の回転が速くて冷静な男の子だよ。おとなっぽいところにキュンとしちゃいそう。一見冷たく見えるけど、話しかければいろいろ教えてくれるよ。

カレのとくちょう
☐ もの静かで落ち着いている
☐ 集中力がある
☐ 本音を話すのが苦手

ハッピーアドバイス
遊園地ではいっしょにおばけやしきに入ると、恋が芽生えやすくなるんだって。

B いやし系男子

あなたには、おだやかでやさしい男の子がおすすめ。いっしょにいると心が落ち着き、あなたも自然体でいられるはず。

カレのとくちょう
- ☐ 話を聞いてくれる
- ☐ 気づかいができる
- ☐ はずかしがり屋

C おもしろ系男子

クラスのムードメーカーで、ユニークな男の子と気が合いそう。イベントなどもいっしょに盛りあがって、楽しく過ごせそう。

カレのとくちょう
- ☐ 明るくて前向き
- ☐ 人を笑わせるのが好き
- ☐ 気まぐれなところも

D 頼れる系男子

あなたと相性がぴったりなのは、リーダー格のしっかりした男の子。おたがいに助け合って、成長していける相手だよ。

カレのとくちょう
- ☐ 自分の意見をもっている
- ☐ みんなにしたわれている
- ☐ 少しがんこ

ハッピーアドバイス
失敗談を話すと、相手に親しみを感じてもらいやすいから試してみて。

テスト79 あなたの恋のライバルは?

あなたの考えや行動に近いと思うほうに進んでね。
迷ったときは、考えこまず直感で選ぼう!

スタート

1 着たいウエディングドレスはどっち?

→2へ　→3へ

2 つけたいイヤリングはどっち?

→4へ　→5へ

3 ネイルアートをしてもらうならどっち?

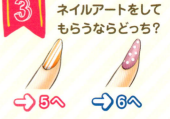

→5へ　→6へ

4 泣けるマンガやアニメを5つ以上知っている

はい →5へ
いいえ →7へ

5 なりたいのはどっち?

アイドル →7へ
女優 →8へ

新たな自分を発見 / かわいくなれちゃう / 友情が深まる / 恋がうまくいく / こっそり探る

6 ドラマよりバラエティー番組をよく観る

はい → 5へ
いいえ → 8へ

7 1ぴきだけ飼うならどっち?

犬 → 9へ　ねこ → 10へ

8 あなたの洋服で多いのはどっち?

がらもの → 10へ
無地 → 11へ

9 迷ったときは人に相談する

はい → Ⓐ　いいえ → Ⓑ

10 デートでは思いっきりはしゃぎたい

はい → Ⓑ　いいえ → Ⓒ

11 都会より自然が多い場所が好きだ

はい → Ⓒ　いいえ → Ⓓ

診断結果は次のページ

# 恋のライバル

A 肉食系女子

カレに対して強気でアタックしていくから、油断は禁物の相手だよ。恋をリードするためには自分みがきが大切。あなたが女子力をUPさせれば、カレの気持ちをつかめるはずだよ。

B お茶目系女子

話が上手だから、カレともすぐに仲良くなっちゃいそうで心配だね。ひとりで立ち向かわず、友だちに協力してもらうのがおすすめ。あなたのいいところをカレにアピールしてもらおう。

C 天然系女子

ほんわかしていて守ってあげたくなるタイプの子だから、カレも放っておけない予感。カレに近づくには積極性が大事だよ。あなたから明るく声をかけていくようにするとうまくいきそう。

D まじめ系女子

おとなっぽくて頭もいい子だから、手ごわいライバルになりそう。差をつけたいなら、カレのことをリサーチして。あなたのほうがカレについてくわしくなれば、恋も有利に進むはずだよ。

ハッピーアドバイス かみの毛をかきあげるしぐさに、ドキッとしちゃう男の子が多いんだって！

持っていくバッグは？

ある休日、女の子がお出かけの準備をしているよ。
この子が持っていくバッグは、次のうちどれだと思う？

- Ⓐ ポシェット
- Ⓑ ハンドバッグ
- Ⓒ トートバッグ
- Ⓓ リュックサック

診断結果は 148、149 ページ

好きな人とのきょりを縮めるテク

○○くんだから相談できるよ

A なやみごとを相談する

カレになやみごとを相談してみよう。なるべくなら、あまり重すぎない気軽に聞ける内容がいいね。たとえば、勉強やクラブ活動の相談はどうかな？答えてもらったら、かならず笑顔でお礼を言おう。頼ってくれたあなたのことを、カレは放っておけない存在だなって思ってくれそう。

B カレのいいところをほめる

カレの素敵だなと思うところを、ちょっとおおげさかもって思うくらいにほめてあげると効果的。そんなに難しいことを言う必要はないよ。きんちょうしちゃう子は、何を言おうか家で練習してから話しかけてみよう。あなたの好意が伝わって、ふたりのきょりがグッと縮まりそうだよ。

いつも練習がんばってるよね！

相手の負担にならない小さなお願いごとをすると、カレの気になる存在に。

★カレを意識させちゃうモテしぐさ★

クロスの法則
右にあるものは左手で、左にあるものは右手でさわるとみりょくがUP。ものを取るときや、かみの毛を耳にかけるときに使ってみよう。

ほほえみビーム
目が合ったとき、はずかしいからといってパッとそらしてしまうのはNG。カレの目を3秒見つめて、ニコッとしてみよう。

C 共通点をアピールする

あなたとカレの共通点を探すと、話がはずむようになるよ。たとえば、カレもあなたも好きなマンガや歌はない？ ほかにもふたりとも弟がいる、水泳を習っているなど、何でもOK。ここが同じだねってうれしそうに伝えてみれば、似たところがあるんだなと親近感をもってくれるはず。

〇〇くんと私、しゅみが合うね～

日曜日にみんなで遊びに行かない？

D 思いきって遊びにさそう

勇気を出してカレを遊びにさそってみれば、一気にきょりが縮まるはず。すでにカレと仲がいい子は、ふたりで遊びに行ってもいいかも。まだそんなに親しくないのなら、まずはほかの子もさそって大勢で遊んでみよう。いっしょにいるうちに、おたがいのことをもっとよく知れそうだよ。

ハッピーアドバイス　みんなが気付かなさそうな意外なところをほめると、とっても喜んでくれるよ。

小鳥が人気の理由

ある小鳥がテレビでしょうかいされ、大人気になっているよ。
人気の理由は、次のうちどれだと思う？

A 毛並みがフワフワ
B 鳴き声がかわいい
C 目がクリクリしている
D 飼い主の金運がUPする

診断結果は 152 ページ

大切なブレスレットの拾い主

テスト 82 モテ度UP問題

大事にしていたキラキラのブレスレットを落としちゃった。
でも、拾ってくれた人がいたんだ。それはだれかな？

- A 子ども連れのお母さん
- B 同い年くらいの女の子
- C メガネをかけた近所のおばさん
- D 通りすがりのきれいなお姉さん

新たな自分を発見 / かわいくなれちゃう / 友情が深まる / 恋がうまくいく / こっそり探る

診断結果は次のページ

診断 81 モテ度UP問題 — カレをドキッとさせるテク

A ボディタッチテク
難易度 ★★☆

カレのうでにさりげなくふれてみて。女の子として意識してくれるようになるはず。

B 呼びかたテク
難易度 ★★★

今までとはちがう呼び名を使ってみよう。はずかしがりつつも、内心ドキッとしているよ。

C 視線テク
難易度 ★☆☆

じっとカレの目を見つめてみよう。あなたのしんけんな表情にドキドキしてくれそう。

D サプライズテク
難易度 ★★★

手づくりのおかしなどをプレゼントしてみよう。サプライズに喜んでくれるはずだよ。

診断 82 モテ度UP問題 — みりょくUPのアドバイザー

A お母さん

あなたのことをいちばんよく知っている人だから、的確なアドバイスをしてくれるよ。

B 友だち

カレと近い目線からみりょくを教えてくれるから、それをみがけばもっと素敵になれるよ。

C 習いごとやじゅくの先生

クラスメイトが知らない、あなたのいいところを見つけてくれそう。新しい自分になれちゃうかも。

D あこがれのお姉さん

となりの家のお姉さんなど、素敵な年上女性に相談してみよう。もっとがんばろうと思えるはず。

ハッピーアドバイス — 人の印象は出会って7秒で決まるんだって。だから出会ったらすぐに笑顔で！

恋愛テスト

自分に当てはまると思うものの□に、チェックを入れてね。
あなたはいくつ当てはまったかな？

- ☑ クラスでだれとだれが親しいか、よく知っている
- ☑ 男友だちがふたり以上いる
- ☑ 人の話を聞くのが大好き
- ☐ 自分がいちばんかわいく見える顔の角度を知っている
- ☑ 委員会やクラブに参加している
- ☑ 人の話の最中には、よくあいづちを打つ
- ☑ 人には自分から声をかけるほうだ
- ☑ いつも笑顔を心がけている
- ☐ 恋愛マンガを10冊以上読んでいる
- ☐ ネガティブな発言はしないようにしている
- ☐ 気になるカレの誕生日を知っている

診断結果は次のページ

あなたの恋愛成績

チェックが0〜2個　37点
残念ながら恋愛成績は低め。友だちといるのが楽しくて、まだ恋愛には本気モードになれていないのかも。

恋愛力UP方法
まずは周りの恋バナを聞いたり、恋愛ドラマを観たりして恋愛への情熱を上げていくといいよ。

チェックが3〜5個　49点
恋愛成績はほどほど。でも、努力次第でこれからレベルUPできるみたいだからがんばって。

恋愛力UP方法
積極性を上げると、恋愛成績もモテ度も上がるよ。男の子と話す機会を増やしていこう。

チェックが6〜8個　58点
恋愛成績は高め。この調子で恋愛力を上げていけば、ライバルにも差をつけることができそう。

恋愛力UP方法
協力者をつくろう。友だちと情報を集めて恋を手伝い合えば、もっと恋愛を楽しめるよ。

チェックが9個以上　70点
恋愛成績は優秀。友だちから相談されることも多いのでは？ このまま恋愛マスターを目指しちゃおう。

恋愛力UP方法
似合う服やヘアスタイルなど、自分のことをより研究すると、恋の作戦力がさらにUP！心理テストも活用してね。

ハッピーアドバイス　カレの得意なことを教えてってお願いすると、ふたりのきょりがぐんと近づくよ。

ただよってきたいいかおり

テスト 84 モテ度UP問題

道を歩いていると、とてもいいかおりがしてきたよ。
それはどんなかおりだったと思う？

- Ⓐ 花のかおり
- Ⓑ ミントのかおり
- Ⓒ せっけんのかおり
- Ⓓ バニラのかおり

診断結果は 156、157 のページ

155

成功率UPの告白方法

A さりげなく気持ちを伝えよう

なんでもないときに、さりげなく気持ちを伝えていくのがおすすめだよ。たとえば、ふたりで話をしているときにさらっと「○○くんと付き合えたら、すごく楽しいだろうなー」と言ってみるとか。相手はおどろくだろうけど、インパクトは大。あとでカレのほうから正式に告白してもらえる可能性もあるよ。

これはNG 気軽に言いすぎて、じょうだんだと受け取られないように注意！

B 呼び出してはっきり気持ちを伝えよう

あなたには堂々とした告白が向いているよ。放課後や休日に相手を呼び出して、きちんと気持ちを伝えよう。すぐに返事をもらいたくなるかもしれないけど、カレが迷っているときはあせらせないで。そのときには、返事をいつまでにもらいたいかを伝えてよく考えてもらおう。すると告白がうまくいくよ。

これはNG 目を合わせるのをはずかしがって、ぶっきらぼうにならないようにね！

ハッピーアドバイス ピンクの中でもあわいピンク色の服を着ると、カレが守ってあげたくなっちゃうよ。

★告白がうまくいく!? 恋のプラ板お守り★

1. 100円ショップなどで売っているプラ板に、油性ペンで四つ葉のクローバーをかき、好きな形に切りぬく

2. クシャクシャにしたアルミホイルにのせ、オーブンで加熱(温度や時間はプラ板の説明書を見てね)

3. 厚い本のあいだにはさんでプラ板を冷ます

4. ストラップをつけて完成!

ハート形を組み合わせてかこう。穴あけパンチでストラップを通す穴を開けておくよ➡

C 手紙に自分の気持ちを書いてわたそう

相手に直接会って告白をしてもいいけれど、それよりも手紙やメールを使うほうが成功率が高まりそう。何度でも書き直しができるし、時間をかけて考えられるから気持ちが伝わりやすいよ。どんなところが好きか手紙なら書きやすいよね。はずかしがり屋のカレも返事をしやすくなるかも。

これはNG 便せん何枚にもわたる、長〜い手紙にならないよう注意してね!

D 友だちに気持ちを伝えてもらおう

友だちにお願いして、「○○ちゃんがあなたを好きって言ってたよ」とカレに伝えてもらおう。もちろん、そのあとでもう一度あなたから告白してもOK。人から気持ちを伝えてもらうことで、あなたの好意をより実感してもらえそう。みんなから頼りにされている友だちに協力してもらうのが成功のカギ。

これはNG あまり親しくない子やおしゃべりな子に頼むのは、逆効果かも……

ハッピーアドバイス 日本人に好感度が高い色は青。カレへのプレゼントに青を取り入れてみよう。

新たな自分を発見 / かわいくなれちゃう / 友情が深まる / 恋がうまくいく / こっそり探る

最初に入るおふろ

たくさんのおふろがウリのホテルにとまったよ。
あなたが最初に入りたいのは、どのおふろかな？

数字の「8」

下の四角いマスの中に、数字の「8」を書いてみて。
意識しすぎず、いつも通りに書こう！

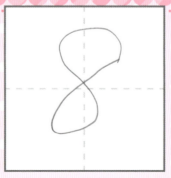

診断結果は160ページ

診断 85 モテ度UP問題
恋に効くイメチェン

A こっそりひとつだけ

ネイルをしてみるなど、なんかいつもとちがうなって思わせる小さなイメチェンが効果的。カレにとって気になる存在になれるよ。

B わかりやすいところ

かみがたを変えるなど、どんなカレでもすぐに気づいてくれる、わかりやすい場所が◎。カレとの話のネタにもなるよ。

C 全身を一気に

お祭りで浴衣を着るなど、全身イメチェンして、まったくちがうキャラに。知らないみりょくを感じて、カレもドキッとしちゃいそう。

診断 86 モテ度UP問題
恋を呼ぶシャンプーのかおり

下の丸が大きい フルーツのかおり
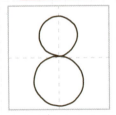

あまずっぱいフルーツのかおりのシャンプーを使ってみて。明るいふんいきがよりUP！

上と下の丸が同じ大きさ ハーブのかおり

さわやかなハーブのかおりがするシャンプーを選ぼう。男の子が話しかけやすくなるよ。

上の丸が大きい 花のかおり

花のかおりのシャンプーがおすすめだよ。おとめ度が上がってよりモテモテになりそう。

ハッピーアドバイス 持ちものをていねいにあつかうだけで、男の子はみりょく的って感じてくれるよ。

カレにあげる手づくりおかし

A スイートポテト

おすすめラッピング
とうめいのふくろをキャンディーの形に

食べると気持ちがほっこりするスイートポテトがおすすめ。あなたの心のやさしさがカレにも伝わるはず。ほんのりしたあまさに、きっといやされてくれるよ。勇気を出してわたしてみよう。

B クッキー

おすすめラッピング
マスキングテープで紙ぶくろをかわいく

さっと食べやすいクッキーをわたすのがおすすめだよ。たくさんのクッキーの中にこっそりハート形のクッキーをまぜておけば、カレにあなたの気持ちが伝わっちゃうかも。

C チョコレート

おすすめラッピング
紙ナプキンをしぼってリボンで結ぶ

手づくりのちょっぴりビターなチョコレートをプレゼントすると、カレに喜ばれそう。クラスのみんなに配れば、シャイなカレでも気軽に食べてくれるはず。思いをこめてつくろうね。

D フルーツゼリー

おすすめラッピング
セロハンで包んでおかしを美しく見せる

さわやかなフルーツゼリーをプレゼントするといいよ。つるんとした食感が、カレに好印象をあたえてくれるはず。日もちにくいから、すぐに食べてもらうようにしてね。

ハッピーアドバイス カレの話にはきちんとあいづちを打つようにすると、好感度UP。

161

恋をかなえてくれるおまじない

恋がうまくいくおまじないをしょうかいするよ。
あなたの恋を助けてくれますように！

好きな人ができるおまじない

角砂糖をスプーンにのせて紅茶に入れよう。「ヴィーナスとマルスの出会いを」ととなえながら、砂糖をスプーンから落とさないように右に9回、左に6回まぜて。その紅茶を一気に飲みほせば、素敵な人があらわれるよ。

両想いになれるおまじない

金曜日の夜にやるおまじないだよ。皮のついたリンゴを丸ごとひとつ用意し、よく水であらおう。リンゴに右手の小指でカレの名前をなぞり、そのうえに3回キスして。このリンゴをひとりで食べきれば、カレと両想いになれちゃうよ。

カレとキスできる
おまじない

左ひじの内側に水色のペンでカレの名前を、右ひじの内側に自分の名前を書こう。「プリマヴェラ春を呼んで」ととなえながら、両ひじを合わせて23秒数えて。カレとキスできるチャンスが生まれるはずだよ。

ケンカしたカレと
仲直りできるおまじない

小さな白い紙に、赤ペンでケンカの原因を書き出そう。「エリスのいかりを流して」と6回となえたあと、水を入れたコップにその紙をしずめて。1日たったら取り出してかわかし、小さくちぎって捨ててね。きっと仲直りできるよ。

やまだしゅんた　たなかれいな
やたまなだか
しれゆいんなた

カレとずっとラブラブで
いられるおまじない

カレの名前の1音目、あなたの名前の1音目、カレの名前の2音目、あなたの名前の2音目……とふたりの名前をこうごにして。文字があまったら最後につけたしてね。できあがった言葉を毎日となえると、ずっとラブラブでいられるよ。

恋愛攻略図鑑

生まれ順でみる！

心理学では、兄弟姉妹の生まれた順番で性格や恋愛の傾向もわかるとされているんだ。「生まれ順診断」を活用して、カレとの恋を成功に導いちゃおう！

生まれ順タイプの確かめかた

生まれた順番で、右の４つのタイプにわかれるよ。「長男」「次男」などという考えかたではなく、生まれた順番だけで考えてね。

４つのタイプ

- **長子タイプ** ➡ 兄弟姉妹の中で、最初に生まれた子
- **真ん中っ子タイプ** ➡ 上と下に兄弟姉妹がいる子
- **末っ子タイプ** ➡ 兄弟姉妹の中で、最後に生まれた子
- **ひとりっ子タイプ** ➡ 兄弟姉妹がいない子

カレの生まれ順を上手に聞く方法

カレの生まれ順がわからない……っていうことも多いはず。
そんな子は、こんな風にすると生まれ順を自然に聞き出せるよ。

①

カレに「生まれ順診断をしてあげる」って伝えよう。

②

上にお兄さんお姉さんがいるか、下に弟や妹がいるかを聞こう。これでカレの生まれ順タイプがわかるよ。

③

タイプを導き出したら、「基本の性格」について教えてあげよう。「恋愛の傾向」や「攻略法」は、ないしょだよ。

この方法なら、あやしまれずにカレの生まれ順を聞けるし、ふたりの話のネタもできるから、自然と仲良くなれちゃうはず。ぜひ、試してみてね！

長子タイプ

基本の性格
責任感が強く、何事にもまじめに取り組むがんばり屋だよ。しっかり者で世話好きだから、困っている人を放っておけないみたい。自分の気持ちを出すことをがまんしているよ。

恋愛の傾向
女の子にあまえるのは苦手で、好きな子の前ではかっこつけたいタイプ。自分からリードしようとするよ。ただし、しんちょうな面があるから好きな子ができてもすぐには動かないかも。

カレの攻略法
女の子にあまえられたり、頼られたりするととても喜ぶよ。なやみごとを相談してみるのもいいね。好意は素直に示したほうがいいけれど、強引なアプローチはNG(エヌジー)だよ。

相性◎ 末っ子タイプ
相性✕ 長子タイプ

真ん中っ子タイプ

基本の性格
バランス感覚がばつぐんで、人間関係はとても器用。どんな人ともすぐに仲良くなれるよ。考え方は現実的で、無理したりぼうけんしたりすることはさける傾向があるね。

恋愛の傾向
異性と仲良くなるのがうまいタイプ。気になる子がいたら、すぐに友だちになれるよ。ただし、話が合わなかったり相手に好きな人がいそうと思ったりしたら、すぐにあきらめちゃうみたい。

カレの攻略法
友だち以上になりたいなら、あなたのほうからアプローチしていったほうが正解。「いろいろなことを知ってるんだね」って情報通なところをほめてあげると良さそう。

相性◎ ひとりっ子タイプ
相性✕ 末っ子タイプ

165

末っ子タイプ

基本の性格
明るくてサービス精神がおうせいな盛りあげ役タイプだよ。ちょっぴりわがままなところもあるけれど、にくめないキャラなんだよね。負けん気が強く、自己主張も得意みたい。

恋愛の傾向
好きな子ができると、どんどんアプローチしていくよ。自分の気持ちをかくしたりしないし、上手にあまえられる性格だから、どの子が好きかわかりやすいみたい。

カレの攻略法
自分の好意をまっすぐに伝えよう。すると、すぐに意識してくれるよ。はずかしくても意地を張らないことが大事。また、積極的にほめてあげるとすごく喜ぶよ。

相性 ◎ 長子タイプ
相性 × 真ん中っ子タイプ

ひとりっ子タイプ

基本の性格
マイペースで、自分のキャラをしっかり確立している個性派タイプ。ちょっぴりがんこなところもあるけれど、考えかたはおとなでひとりでもどんどん行動していけるよ。

恋愛の傾向
最初はすごくしんちょうだけど、一度スイッチが入ると、その子にふり向いてもらうためにガンガンアプローチしていくよ。ただし、その方法は個性的で、女の子には伝わりにくそう。

カレの攻略法
かけ引きや計算が苦手なタイプだから、わかりやすくアタックしよう。女の子に夢見がちな面があるから、その夢はこわさないようにね。お姉さん的にふるまうのも好感度高め。

相性 ◎ 真ん中っ子タイプ
相性 × ひとりっ子タイプ

好きな人がいるかどうか

A いる

カレにはどうやら今、好きな女の子がいるみたいだよ。もしかしたら、あなたのことかも!?

B いない

友だちだと思っている女の子はいるけれど、まだ恋愛モードにはなっていないみたい。

わ〜っ!!
ショウくん
好きな人いるんだ〜っ!!

し……
試合
おつかれさま

リカ!
おうえん
ありがとな!

このまま……もうひとつ
心理テスト
試してみたいっ!

どうしよう……
このまま……

まさか
きてくれる
とはぜ〜

手……
手を見せて
くれる……?

え?　手?

カレの手は……

カレに「手を見せて」ってお願いしてみよう。
どんなふうに手を出したかな？ 近いものを選んで。

A 手のこうを上にしたパーの手を出した

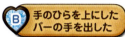
B 手のひらを上にしたパーの手を出した

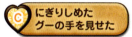
C にぎりしめたグーの手を見せた

えーと…
こう？

は〜っ

きゃっ!!
待って!!
まだ見せないで!!

リカ……？
だ……だって
これ見たら
ショウくんの気持ち
わかっちゃう気がして

ドキ…
ドキ…

ぎゅ…っ

でも……
知りたいっ!!
あ あの……っ

89 どのくらいあなたを意識しているか

残念ながらまだあまり意識していないみたい。積極的に話しかけて、自分を知ってもらうことから始めてみて。

あなたのことをかなり意識しているみたい。勇気を出して自分からアプローチすれば、うまくいく予感。

やや意識しているものの、自分でも好きなのかまだわかっていないみたい。カレがときめくようなことをしてみよう。

カレはどう座る？

カレがイスに座るとき、座りかたをチェックしてみよう。
いちばん近いのは、次のうちどれ？

- A 両足をそろえて座る
- B 足を投げ出して座る
- C 足を組んで座る
- D 両足を大きく広げて座る

診断結果は次のページ

カレのウラ性格

A すごくがんばりや

カレは、じつは向上心が強くコツコツ努力するタイプ。勉強やクラブにもベストをつくしたい人だから、手伝ってあげたり、おうえんしてあげたりすると喜ぶよ。

B とってもマイペース

カレは、自分のペースを大事にする人。ほかの人にふりまわされるのはきらいみたい。話をしたり、いっしょに行動したりするときには、カレに合わせてあげるといいよ。

C ちょっぴり神経質

カレは、少し気むずかしいところがあるよ。けいかい心が強く、相手のことがよくわかるまで、なかなか心を開いてくれないかも。仲良くなるには、あせらず時間をかけてね。

D けっこうおおざっぱ

カレは、パワーや行動力にあふれた人。でも、細かいことは見落としがちだから、あなたがさりげなくフォローをしてあげるとうまくいきそう。

 ハッピーアドバイス　人と話をするときは「8割聞く、2割しゃべる」を意識すると人気者に。

カレのペンケースは？

カレのペンケースをチェックしてみよう。素材は次のうちどれに近い？ 見た目がいちばん似ているものを選んでね。

A 布製
B ビニール、プラスチック製
C カン、金属製
D 革、合皮製

診断結果は次のページ

カレが好きな女の子のタイプ

A いやしガール

おすすめヘアアレ
ゆるみつあみ

カレは、思いやりのある子が好きみたい。これからは今まで以上に、周りの人にやさしく接しよう。気配りができるあなたのことを、カレはしっかり見ていてくれるよ。

B 元気ガール

おすすめヘアアレ
サイドポニー

カレは、パワー全開でいきいきした子が好きみたい。朝会ったら、笑顔で「おはよう！」ってあいさつしよう。それだけでも、あなたのことをいいなと思ってくれるはず。

C 強気ガール

おすすめヘアアレ
ハーフツイン

カレは、周りに流されず自分の意見を言える子が好きみたい。ケンカ友だちだった子が、だんだん気になる存在に……なんてことも。思ったことははっきり言ってみよう。

D おとなガール

おすすめヘアアレ
デカだんご

カレは、おとなびた子が好きみたい。落ち着いた態度や、物事を冷静に判断できる様子を見ると素敵だなと思うよ。子どもっぽい態度をとらないように、気をつけてね。

ハッピーアドバイス　元気がないときは、うそでもいいから笑ってみよう。気持ちも明るくなるよ。

顔に何かついているよ

テスト92 カレにリサーチ問題

カレに「あ、顔に何かついているよ」って言ってみよう。
カレはどんな反応をしたかな？

あ、顔に何かついているよ

- **A** 顔の右側をさわった
- **B** 顔の左側をさわった
- **C** おでこの真ん中をさわった
- **D** 顔にはさわらなかった

教科書見せて

テスト93 カレにリサーチ問題

教科書を読んでいるカレに「教科書見せて！」って言ってみよう。
カレの反応でいちばん近かったのはどれかな？

教科書見せて！

- **A** 教科書を閉じてわたしてくれた
- **B** 教科書を開いたままわたしてくれた
- **C** 理由を聞いたり、いやがったりした
- **D** 机に置いたままで「好きに見ていいよ」

診断結果は178、179ページ

カレが女の子を意識するとき

A かわいく変身したとき

カレは、女の子がいつもとちがうおしゃれをしていたり、かみがたを変えてイメチェンしたりしていると、意識しちゃうみたい。服やヘアアレンジなど、おしゃれを工夫してみてね。

B ふたりきりになったとき

カレは女の子とふたりきりになると、その子のことが気になってきちゃうみたい。もしそういう機会があったら、さりげなく話しかけてみよう。きっとカレにとって特別な存在になれるはず。

C がんばっているところを見たとき

カレは、女の子がひとつのことに夢中になっている姿を見ると、ふだんとのギャップにドキドキするみたい。勉強でもスポーツでもいいから、あなたががんばれるものを見つけて一生けんめい取り組んでみて。

D 女の子っぽいところを見たとき

重いものを持ちあげられなくて困っていたり、かわいいものに夢中になっていたり……そんな女の子らしいところを見ると、その子から目がはなせなくなっちゃう。でも、わざとらしいのはNGだよ。

オレンジのかおりをかぐと、気持ちがパァッと明るく元気になっていくよ。

カレが言われてうれしい言葉

A 「○○くんってまじめだね」

カレのまじめなところや、物事を一生けんめいにがんばっているところをほめると、とても喜んでもらえそうだよ。努力しているのを見たら、すかさずほめるのがポイント。

注目シーン ピカピカにそうじしているのを見たとき

B 「○○くんって頼れるね」

カレは、友だちから頼りにされることがうれしいみたい。あなたも頼りがいのあることをどんどん言ってあげよう。アドバイスを求めるのも効果的だよ。お礼も忘れずにね。

注目シーン クラスや委員の仕事をしているのを見たとき

C 「○○くんっておとなっぽいね」

カレは周りからおとなっぽいと思われたいみたい。クールであまり自分を出さないところもあるかも。「この服おとなっぽいね」ってカレの服や持ちものをほめるのもいいね。

注目シーン ハプニングに冷静に対応しているのを見たとき

D 「○○くんっていつも元気だね」

明るくて元気なところをほめてあげると、カレはもっと笑顔になるよ。「いっしょに話をしていると、私も元気になれるよ」って伝えてあげれば、テンションが上がっちゃいそう。

注目シーン 休み時間に場を盛りあげているのを見たとき

ハッピーアドバイス 元気が出ないときは、たきやふん水のそばに行くとリラックスできるよ。

どんなふうに笑う？

友だちの笑いかたをチェックしてみよう。
いちばん近いのは、次のうちどれ？

A 大声を出して笑う
B フフフと小声で笑う
C 声を出さずに笑う
D 手で口をおさえて笑う

診断結果は182ページ

サインを頼もう

友だちに「紙にサインして」ってお願いしながら、赤、青、緑のペンをまとめて差し出そう。友だちはどのペンを取ったかな？

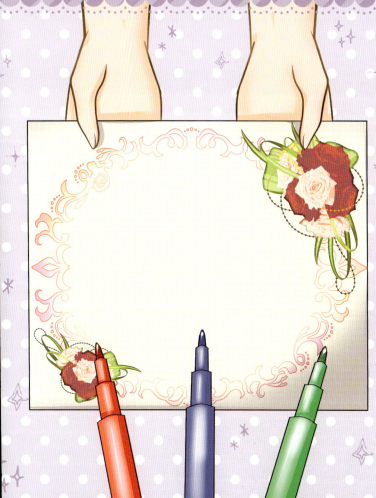

Ⓐ 赤　　Ⓑ 青　　Ⓒ 緑

診断結果は次のページ

友だちのウラ性格

A 目立ちたがり屋

ふだんはおとなしくても、じつは目立つのが大好き。主役になりたい性格だよ。

B プライドが高い

周りからクールな人、できる人と思われたいみたい。プライドを傷つけないように注意。

C 消極的

ふだんは元気に見えていても、本当はおとなしくて引っこみがちな性格みたい。

D 計算高い

天然っぽい行動が多くても、じつは現実的で自分の印象を計算できる冷静な子だよ。

あなたとどう過ごしたいか

A ヒミツの話をしたい

ほかの人にはないしょのことを、あなたと話したいみたい。恋バナにも興味があるはず。

B のんびり話をしたい

1対1でゆっくり話をしたいと思っているよ。休みの日に公園などで語っちゃおう。

C 楽しく盛りあがりたい

周りの友だちもふくめて、わいわい盛りあがりたいみたい。グループで遊びに行くのもいいかも。

ハッピーアドバイス　苦手な人と席につくときは、目の前じゃなくななめ前に座るようにしよう。

理想の席順

友だちに、ぴったりだと思うクラスの席順を聞いてみよう。
自分が真ん中の席だったら、A〜Dに座る4人はだれかな？

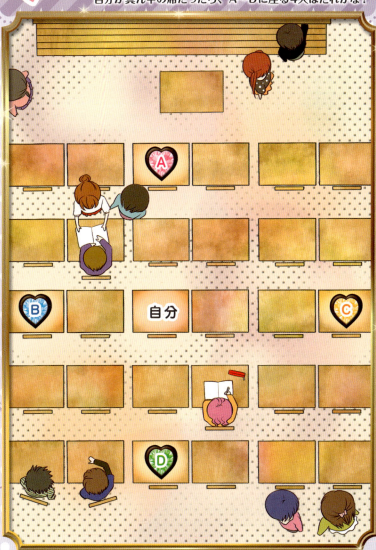

診断結果は次のページ

診断 96 友にリサーチ問題
友だちはその人をどう思っているか

A 明るくてのんびりした人

気をつかわないで自然体で付き合える、楽しい人だと思っているみたい。この相手の前では、自分のダメなところや、おバカなところもさらけ出せちゃうよ。

B やるときはやる人

いつもはどこかぬけていたり、おとなしかったりするけれど、いざとなるとやる人だと思っているみたい。キャラをいじることがあっても、心の中では認めているよ。

C 個性的な自由人

独特のセンスをもつ人だと思っているみたい。何を考えているのかよくわからないときもあるけれど、そんなところがおもしろくてみりょく的だと感じているよう。

D リーダー的存在で逆らえない人

その人に対して、ちょっぴり苦手意識をもっているかも。きんちょうしちゃって自分をうまく出せないみたい。でも、みんなから一目おかれる存在とも感じているよ。

> **ハッピーアドバイス** いやなことがあったときは、それを紙に書き出すと気持ちがすっきりしてくるよ。

どのイスに座る？

あなたの机の周りのイスを、下のように置いてから友だちを呼んでみて。その子はどのイスに座ったかな？

- A あなたから見て右のイス
- B あなたから見て左のイス
- C 目の前のイス
- D 座ろうとしない

診断結果は次のページ

恋のライバル度

A ライバル度 28%

ふたりのタイプは逆みたい。同じ人を好きだと気づいても、おたがいにゆずり合ってしまうかも。でも、本当に好きならライバルになってもいいよね!?

B ライバル度 45%

可能性はやや低めだけど、ぜったいにならないとはいいきれないよ。もし好きな人ができたら、おたがい素直に伝え合うように約束しておくといいかもね。

C ライバル度 86%

ライバルになる可能性大! ふたりは似ているのかも。でも、ときにはおたがいをはげましあう良きライバルになれそう。そうなったら正々堂々と戦おうね。

D ライバル度 64%

ライバルになる可能性はちょっと高め。ただし、その子はあなたが自分と同じ人を好きだと気づいても、口に出したりしない性格。ひそかなライバルになりそう。

ハッピーアドバイス　気持ちをリフレッシュしたいときには、レモンの輪切りを紅茶に入れると効果的。

果物をねらう動物

「おなかをすかせた動物が、あなたの育てている果物をねらっているよ。さて、どうする?」って聞いてみよう。答えにいちばん近かったものは?

A エサをあたえて、果物を食べないようにする

B ワナをはったりやっつけたりする

C しかたがないので放っておく

D 食べられる前に自分の分だけ果物をとる

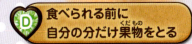

診断結果は次のページ

187

カレをしょうかいしたときの反応

A ノリノリで仲良くなっちゃう

ハイテンションになって、いろいろと質問しちゃうよ。はじめて会ったのに、友だちみたいに打ちとけちゃう。あなたより家族のほうが、カレにくわしくなったりして……。

B ムスッとしちゃいそう

きげんが悪くなりそう。とくにお父さんやお兄さんは「もしかして悪い男なんじゃないか」と心配で冷たい態度をとっちゃうかも。カレにはあとでフォローしておこう。

C おどろいて固まる

カレに会ったしゅんかん、びっくりしてその場で固まっちゃいそうだよ。あなたがきちんと仲をとりもってあげてね。カレのプロフィールを先にしょうかいしておくといいね。

D なんでもないフリをしそう

カレの前では気にしていないフリをして、友だちが遊びにきたときと同じようにふるまうよ。でも、じつはけっこうショックを受けているから、あとで話を聞いてみよう。

頼みごとはご飯のあとにすると、OKしてもらえる確率が高まるよ。

最初はグー

テスト99 家族にリサーチ問題

「じゃんけんしよう。最初はグーを出すからね」って言ってから
じゃんけんをしてみよう。家族はどんな行動をとったかな？

「じゃんけんしよう　最初はグーを出すからね」

- Ⓐ パーを出した
- Ⓑ グーを出した
- Ⓒ チョキを出した
- Ⓓ 何も出さなかった

どの指が好き？

テスト100 家族にリサーチ問題

相手の前に手を出して「好きな指を1本だけさわって」って
言ってみよう。家族はどの指をさわったかな？

「好きな指を1本だけさわって」

- Ⓐ 親指
- Ⓑ 人さし指か薬指
- Ⓒ 中指
- Ⓓ 小指

診断結果は190、191ページ

診断99 家族にリサーチ問題 家族が喜ぶプレゼント

A マッサージ

「いつもおつかれさま」という言葉といっしょに、マッサージをしてあげたり、かたをたたいてあげたりしよう。あなたのやさしい気持ちが伝わって、とても喜んでもらえるはず。

B 手づくりのもの

あなたががんばってつくったものがいちばん。時間があるならマフラーにチャレンジしてもいいし、おかしをつくってあげるのもおすすめ。成長に感激してくれそう。

C 感謝の手紙

今までのお礼の気持ちを書いた手紙をプレゼントすると、感動して泣いちゃうかも。絵が得意な子は手紙の中に似顔絵をかくのもいいかもね。一生大切にしてもらえるプレゼントになるよ。

D 役立つもの

毎日使えるような、便利なアイテムを選んであげよう。たとえば、散歩が好きなら日差しよけのぼうしなんかはどう？愛用してくれるはずだよ。

ハッピーアドバイス 部屋のインテリアにあわいグリーンを入れると、リラックス効果満点。

診断100 家族にリサーチ問題

あなたにどんなおとなになってほしいか

A 世間でかつやくできる人

あなたが夢中になれる分野で、はなばなしいかつやくをしてほしいと思っているみたい。今からいろいろなことにチャレンジして、自分が得意なことや好きなことに打ちこんでいこう。

B 人のために行動できる人

だれかのためにつくすことのできる、心のやさしい人になってほしいと思っているよ。まずは、家族や兄弟姉妹、同じクラスの友だちなど、身近な人のためにできることを探してみよう。

C 自分の考えをもっている人

周りの考えや流行に流されず、自分の意見をしっかりもったおとなになってほしいと思っているみたい。いろいろなことに対して自分だったらどうするか、考えるクセをつけてみて。

D みんなに愛される人

何かすごいことをなしとげなくてもいいから、周りの人たちから愛されるおとなになってほしいと思っているみたいだよ。たくさんの人と交流して、友だちを増やしていこう。

心理テストでハッピーになれますように☆

ハッピーアドバイス　頭の回転を速くしたいときは、ミントのかおりをかごう。頭がうまく働くよ。

著者

四条さやか　しじょう さやか

心理・占術研究家。心理アナリスト。有限会社フォークリア代表。セラピスト、カウンセラーなどの資格をもち「心理、美容、占いの三方向から女性のライフスタイルをサポート!」をモットーに活動。『anan』『Ray』などの女性雑誌を中心に、テレビやウェブなどさまざまな媒体で各種心理テストや診断、占い、コラム記事を執筆。そのほかテレビ出演、講師・講演活動など活動は多岐にわたる。
〈著書〉
『めちゃキラ! 恋・友うらない』(高橋書店)、『女子力アップ! のウラワザ☆』(ほるぷ出版)ほか多数

めちゃキラ! 心理テスト

著　者	四条さやか	
発行者	高橋秀雄	
発行所	**株式会社 高橋書店**	

　　　　〒112-0013　東京都文京区音羽1-26-1
　　　　電話　03-3943-4525

ISBN978-4-471-10345-3　ⒸTAKAHASHI SHOTEN　Printed in Japan

定価はカバーに表示してあります。
本書および本書の付属物の内容を許可なく転載することを禁じます。また、本書および付属物の無断複写(コピー、スキャン、デジタル化等)、複製物の譲渡および配信は著作権法上での例外を除き禁止されています。

本書の内容についてのご質問は「書名、質問事項(ページ、内容)、お客様のご連絡先」を明記のうえ、郵送、FAX、ホームページお問い合わせフォームから小社へお送りください。
回答にはお時間をいただく場合がございます。また、電話によるお問い合わせ、本書の内容を超えたご質問にはお答えできませんので、ご了承ください。
本書に関する正誤等の情報は、小社ホームページもご参照ください。

【内容についての問い合わせ先】
　　書 面 〒112-0013　東京都文京区音羽1-26-1　高橋書店編集部
　　F A X 03-3943-4047
　　メール 小社ホームページお問い合わせフォームから (https://www.takahashishoten.co.jp/)

【不良品についての問い合わせ先】
　　ページの順序間違い・抜けなど物理的欠陥がございましたら、電話03-3943-4529へお問い合わせください。ただし、古書店等で購入・入手された商品の交換には一切応じられません。